KARL DILLSCHNEIDER

DER SCHNOOR

KARL DILLSCHNEIDER

DER SCHNOOR

PULSIERENDES LEBEN

IN BREMENS ÄLTESTEM STADTTEIL

VERLAG H. M. HAUSCHILD GMBH · BREMEN

Die Drucklegung dieses Bandes ermöglichten:

Die Sparkasse in Bremen
Handwerkskammer Bremen,
Kath. Propsteigemeinde St. Johann
Schnoor-Verein „Heini Holtenbeen e.V."
Baufirma Karl Engeland, Bremen
Baufirma Karl A. Müller, Bremen
Herr Architekt Dipl.-Ing. Wilhelm Klocke, Bremen
Herr Lütje-Uhlenbrock, Bremen
Herr Conrad Naber, Lilienthal
Herr Bernhard Rieger, Bremen
Herr Dipl.-Ing. Wilhelm Schwarting, Bremen

Ihnen gilt besonderer Dank.

Fotograf: Rüdiger Nagel, Bremen
Layout: Ernst August Echtermann, Bremen
Schutzumschlag: Gernot Braatz, Bremen
Gesamtherstellung: H. M. Hauschild GmbH, Bremen
ISBN 3-926 598-69-7

Inhalt

Zum Geleit

Mit seinen 100 Häusern aus dem 15. und 16., dem 18. und 19. Jahrhundert ist das „Schnoor-Viertel" — so genannt nach der längsten Straße, die es durchzieht — der einzige erhalten gebliebene Rest der Altstadt und zugleich die Keimzelle des ältesten Bremen überhaupt.

Fischer, Schiffer, Handwerker und Gewerbetreibende waren die ersten Bewohner. 1225 wird der Bettelmönchsorden der Franziskaner hier ansässig, der ein Kloster und im 14. Jahrhundert die Klosterkirche, die heutige Propsteikirche St. Johann, erbaute. Im Laufe der Zeit siedelten sich auch wohlhabendere Bürger hier an. Die von ihnen errichteten größeren Häuser bildeten im Verein mit den vorhandenen kleineren ein auch in den verschiedenen Stilarten reizvolles Nebeneinander.

Abseits der Stadtmitte, blieb das „Schnoor-Viertel" bis zur Mitte des 20. Jahrhunderts als ein Stadtteil erhalten, der in seiner Gesamtstruktur einmalig ist. Auch heute hat er von seiner Anziehungskraft nichts eingebüßt.

Seitdem am 3. Februar 1959, vor nunmehr über dreißig Jahren, ein „Gesetz, betreffend die bauliche Gestaltung des Schnoorviertels und der Umgebung der St. Johannis-Kirche" von der Bremischen Bürgerschaft beschlossen worden war und das Viertel im Laufe von rund zwölf Jahren durch den Verfasser dieses Bandes eine Wiederbelebung erfahren hatte, haben zahllose Besucher, einheimische, auswärtige und ausländische, dieses reizvolle Gebiet durchwandert und bewundert.

In der heutigen Zeit der Übertechnisierung und Überperfektionierung finden hier die Besucher eine einmalige Atmosphäre der Entspannung. Besonders im östlichen Teil des „Schnoor-Viertels" mit seinen engen Straßen und Gassen, Ecken und Winkeln fühlen sich die Besucher angezogen von der vielfach noch vorhandenen historischen Bausubstanz, die im Laufe der Jahre behutsam instand gesetzt worden ist. Größere und kleinere Häuser aus den verschiedensten Zeiten und in den verschiedensten Stilarten bieten den Besuchern ein reizvolles Nebeneinander von kaum geahnter Wirkung. Zwar sollte entgegen mancher Meinung hier kein „Künstlerviertel" entstehen, aber Künstler und Kunsthandwerker aller Art haben hier eine ihnen zusagende Heimstatt gefunden, in der sie, das Viertel mitprägend, ihrem Schaffen nachgehen können. Daneben gibt es auch Geschäfte des täglichen Bedarfs wie auch Gaststätten und Cafés.

Mögen im Laufe der Jahre die Inhaber verschiedener Geschäfte gewechselt haben, möge sich die Farbgebung mancher Häuser geändert haben, so ist der „Schnoor" doch im wesentlichen erhalten geblieben.

Nach drei vorangegangenen und seit langem vergriffenen Auflagen wurde der vorliegende Band überarbeitet, der Gegenwart angepaßt. Er versucht, den Besuchern ein Buch an die Hand zu geben, das sowohl bei einem Kurzbesuch als auch in Stunden der Muße das Interesse an einem einmaligen, wenn auch kleinen Stadtteil wachzuhalten vermag.

Materielle und ideelle Hilfe zur Erhaltung dieses kostbaren Restes der Altstadt auch für die Zukunft wird durch fördernde Bürgerinitiative geboten, und zwar durch die Gesellschaft der Schnoorfreunde unter Vorsitz von Herrn Direktor Nölle, die stets neue Aktivitäten entfaltet, durch die Schnoor-G.m.b.H. unter Vorsitz von Herrn Dr. Klaus Gätjen, durch Herrn Wolfgang Loose, der sich mancher Einzelanliegen annimmt, sowie den Schnoor-Verein „Heini Holtenbeen e.V." unter dem Vorsitz von Herrn Schulze-Smidt.

Karl Dillschneider

Bremen, im Oktober 1992

Das Schnoor-Viertel,
ältester erhalten gebliebener Stadtteil von Bremen

Das Schnoor-Viertel, im Südosten der Altstadt zwischen Altenwall, Tiefer und Balgebrückstraße gelegen, ist eines der ältesten Stadtteile Bremens und gleichzeitig der einzige zusammenhängend erhalten gebliebene Teil der Altstadt. Hier wurden im Zweiten Weltkrieg verhältnismäßig wenige Häuser völlig zerstört, eine Anzahl von Gebäuden jedoch erlitt mehr oder weniger starke Beschädigungen.

Nachdem vor der Mitte des vorigen Jahrhunderts die Bautätigkeit in Bremen über die Wälle und Gräben hinausgegriffen hatte und allmählich in allen Richtungen Vorstädte entstanden, zogen die Bürger, soweit es sich mit ihren finanziellen Möglichkeiten in Einklang bringen ließ, mit steigender Vorliebe aus der Enge der Altstadt in die neuen Vororte. Diese Entwicklung hielt bis auf den heutigen Tag an, so daß die Altstadt gegenwärtig zu dem am schwächsten bewohnten Stadtteil Bremens geworden ist.

Die aufsteigende Entwicklung und Bedeutung der Hansestadt Bremen, besonders in der Zeit vor und nach der Jahrhundertwende, als Handel und Wandel in hoher Blüte standen, fand auch ihren Niederschlag in der baulichen Entwicklung des Stadtkerns. Soweit es dabei um Platzgewinnung ging, waren Opfer nicht zu vermeiden. Die Hauptgeschäftsstraßen, vor allem die Obernstraße, die Faulenstraße und die Sögestraße, veränderten ihr Gesicht vollkommen; um den Domshof entstand ein Bankenviertel, und an der Domsheide wurde das neue Hauptpostamt errichtet.

Manche Altstadt-Wohngebiete größeren oder geringeren Umfanges wurden so im Laufe der Zeit aufgegeben und abgebrochen. An ihrer Stelle fanden Waren- und Geschäftshäuser, Bank- und Kontorgebäude ihren Platz. Die Zahl wertvoller alter Bauten wurde dadurch stark verringert. Rathaus, Dom, Schütting, Stadtwaage, Essighaus, Kornhaus und andere repräsentative alte Bauten wie auch die Altstadt-Kirchen blieben jedoch großenteils erhalten oder wurden wiederhergestellt und ihrer Bedeutung entsprechend gepflegt. Sie gaben als stolze und beredte Zeugen der Vergangenheit, als echte Aussagen ihrer Zeit der Stadt das Gepräge.

Der Zweite Weltkrieg hat sich auf die bremische Altstadt verheerend ausgewirkt. An seinen Folgen gemessen, waren die Eingriffe früherer Zeiten zwar nicht belanglos, jedoch keineswegs von so wahlloser Härte. Neben der geringen Ausdehnung der Altstadt — ihre Länge an der Weser beträgt 1600 m, ihre größte Breite etwa 600 m — wurden die großen Verluste an Baudenkmälern durch die Tatsache begünstigt, daß ihre Mehrzahl auf die Altstadt konzentriert war und eben dort bei fast jedem Luftangriff neue Verluste eintraten. War die Stadt schon zu 60 Prozent zerstört, so betrugen die Verluste an Baudenkmälern gar 80 Prozent ihres Bestandes. Neben vielen kleineren Bauten, besonders im völlig zerstörten Stephani-Viertel und in dem Gebiet zwischen Faulenstraße und Wall, sanken auch bedeutende einzelne Baudenkmäler für immer dahin. Erwähnt seien nur die St.-Ansgarii-Kirche, das Kornhaus und das Essighaus. Wertvolle Zeugen bremischer Baukunst und Baugeschichte waren damit zerstört, nur Fotos und Pläne künden heute noch von ihrer einstigen Schönheit und Bedeutung.

Von all diesen Eingriffen blieb allein das Schnoor-Viertel im wesentlichen verschont.

Sowohl die wirtschaftliche Aufwärtsentwicklung der Stadt mit ihren baugeschichtlichen Veränderungen als auch die Einwirkungen des Zweiten Weltkrieges haben dieses Viertel nicht stark berührt. Seine Lage abseits von der eigentlichen Stadtmitte und den Hauptstraßenzügen ließ es bis zum Zweiten Weltkrieg zur Niederlassung für Großunternehmen nicht sehr interessant erscheinen, zumal die Engigkeit dieses Stadtviertels und seine bis in kleinste Grundstücke hinein zergliederten Besitzverhältnisse dazu beitrugen, daß alles so belassen wurde wie es war. So hat sich denn eigentlich aus einer gewissen Bedeutungslosigkeit für den bautechnischen und zivilisatorischen Fortschritt das Schnoor-Viertel bis in die Nachkriegszeit hinüberretten können. Seine alten und zum Teil historisch wertvollen Bauten haben damit Anschluß gefunden an die „neue Zeit" und ihre Revitalisierungsbemühungen um den *Schnoor*.

Das ganze Gebiet gehört zur ältesten, 782 urkundlich zuerst erwähnten Besiedlung Bremens, wenn man von der Bebauung um den Dom und den Markt auf der Höhe der Düne absieht.

Von der Höhe der Domdüne zog sich die Bebauung allmählich bis zur Weser hinab, wo sich eine Fährmöglichkeit vom letzten Viertel des 8. Jahrhunderts ab bot. Die erste Weserbrücke, gelegen im Zuge wichtiger Fernverkehrsstraßen von Westen und Südwesten nach Norden und Nordosten, wird 1244 urkundlich erwähnt. Fischer und Schiffer werden die ersten Bewohner in unmittelbarer Nähe der Weser gewesen sein. Der nahe Fluß bot manche Nahrung, denn Flächen für den Ackerbau waren kaum vorhanden. Daneben siedelten sich alsbald auch Handwerker, Schiffbauer und Gewerbetreibende an diesem wichtigen Flußübergang an. Um 1230 wurde hier das Franziskanerkloster gegründet, urkundlich zum erstenmal erwähnt im Jahre 1241 (U.B. I. 217).

So sehr die Domdüne allein schon wegen ihres trockenen Baugrundes und des durch ihre Höhenlage gebotenen Schutzes vor Überschwemmungen Anreiz zur Bebauung bot, so verständlich war doch auch der Zug zum Weserufer, zur Fähre oder Brücke insbesondere für Händler und Gewerbetreibende, denn hier war die unumgänglich engste Stelle des Verkehrs, einem Paß vergleichbar. Hier gab es kein Ausweichen — auch für den Handel nicht. So wurde denn die Gefahr jahreszeitlich bedingter Überschwemmungen für diesen Vorteil in Kauf genommen. Damit ist auch erklärlich, daß die Strominsel, umflossen von der Weser einerseits und der Balge, einem kleinen Nebenarm des Flusses, andererseits, auf ihrem östlichen Teil den „Schnoor" aufnahm, ein erstes in sich geschlossenes Baugebiet der allmählich heranwachsenden Stadt.

Handwerksmeister waren im *Schnoor* ebenso ansässig wie in anderen Teilen der Stadt, und es konnte keine Rede davon sein, daß das Schnoor-Viertel gegenüber anderen Stadtteilen früher unterbewertet war. Dies ist auch heute nicht der Fall. Entsprechend den kleinen Wohnungen und Grundstücken hatte sich im Schnoor-Viertel schließlich ein Kleinbürgertum erhalten, das sich in dem verwinkelten Gebiet wohlfühlte und einen gewissen Stolz auf die teils lange Ansässigkeit seiner Familien gern zum Ausdruck brachte. Handwerksbetriebe mit dem Selbstbewußtsein generationenalter Überlieferung gibt es dort auch heute noch.

Die jetzt vorhandenen Häuser entstammen dem 15. und 16., bis zum 18. und 19. Jahrhundert. Von der allerersten Bebauung zwar, einfachen Hütten aus Holz und Reith, sind naturgemäß keinerlei Reste mehr vorhanden. Sie waren auf Warften erbaut, deren Höhenlage dürftigen Schutz gegen Überschwemmungen bieten sollte.

Reizvoll ist das Nebeneinander der verschiedenen Stilarten der jetzt noch vorhandenen Häuser, die hier als echte Zeugen ihrer Entstehungszeit, als Neubauten nach Brand, Abbruch oder Einsturz errichtet wurden. Erst bei den Gebäuden, die etwa ab 1820 errichtet worden sind, könnte von einer gewissen Ähnlichkeit die Rede sein, sofern an ihnen nicht im Laufe der Zeit Änderungen vorgenommen worden waren, die ihnen nicht immer zum Vorteil gereicht hatten. Für das Straßenbild blieb das allerdings ohne besonders nachteilige Wirkung.

Bereits vor dem Zweiten Weltkrieg waren einige Baulücken durch Abbrüche entstanden. Die Eigentümer der abgebrochenen Häuser, längst an anderen Stellen der Stadt ansässig, waren es leid, den ständigen Forderungen der Baubehörde nachzukommen, für die von den Mietern nicht immer mit der erforderlichen Sorg-

Die Dachlandschaft des Schnoor-Viertels ist von romantischem Reiz. Ab 1959 konnte dem Verfall Einhalt geboten werden. Überblick aus südöstlicher Richtung. Das Bild zeigt den Zustand der Schnoorbebauung in der Zeit vor 1939.

Schlicht und anspruchslos in ihrer Erscheinung stehen die Dächer mit ihren Schornsteinen eng beieinander. Der malerische Eindruck ist ganz unmittelbar.

Die beiden Häuser, Nr. 16 (links), erbaut 1738, und Nr. 15, erbaut ab 1402, in dem stark beschädigten Zustand, in dem sie sich nach Kriegsende befanden. Notdürftige Reparaturen verhinderten ihren weiteren Verfall.

falt behandelten oder gar vernachlässigten Häuser noch beträchtliche Aufwendungen zu machen. Diese Entwicklung hätte sich mit Sicherheit fortgesetzt, und ihr wäre im Laufe der Zeit auch ohne den Krieg noch so manches Haus zum Opfer gefallen, wenn nicht eine neue Sinngebung den *Schnoor* wieder aufgewertet hätte.

In der Tat war der bauliche Zustand mancher Häuser recht bedenklich. Schadhaftes Fachwerk herrschte vor: zwar nicht in allen Fällen an der Straßenseite, eine erhebliche Zahl der Häuser hatte an der Straße eine auf das Ansehen des einstigen Bauherrn ausgerichtete, massiv ausgeführte Schaufront aus Rotstein, Sandstein oder als Putzbau erstellt, Seiten- und Rückfront aber bestanden aus Fachwerk. Eine Pflege der seitlichen Fachwerkwände war fast unmöglich, denn die Traufengänge zwischen den Häusern waren so schmal, daß sie zum Zwecke der baulichen Unterhaltung und Reinigung nicht einmal betreten werden konnten. In diesen Gängen setzte der Verfall am ehesten ein. So kam es, daß viele Häuser im *Schnoor* ihren Eigentümern wertlos erschienen und die notwendige laufende Unterhaltung manchenorts zu wünschen übrig ließ. Je älter die Gebäude, um so mehr war ihr Bestand in Mitleidenschaft gezogen. Zwar schienen Häuser, in denen ihre Eigentümer noch wohnten, im allgemeinen besser gepflegt als solche, in denen nur Mieter wohnten. Doch Eigentümer wie Mieter hatten im Laufe der Zeit das Bewußtsein dafür verloren, vielleicht aber auch nie besessen, daß sie in einem bauhistorisch wertvollen Hause lebten. Ob die Häuser, in denen sie wohnten, aus der Zeit des Barock oder Rokoko stammten, bedeutete ihnen nicht mehr viel; wichtiger erschienen ihnen die geringen Wohnkosten und die Nähe der Stadt. Für eine preiswerte Miete in unmittelbarer Nachbarschaft der „City" zu wohnen war ein Vorteil, den es in Bremen, besonders nach dem Zweiten Weltkrieg, innerhalb der Wallanlagen kaum mehr gab.

Der Übersichtsplan des Schnoor-Viertels, ein Teil des Ortsstatuts, zeigt dessen Geltungsbereich.

Beschluß eines Ortsstatuts als Richtlinie und Grundlage für die bauliche Instandsetzung des Schnoor

Aus Bremens ältester Geschichte hatte sich so bis in unsere Tage hinein ein Stadtteil erhalten, der in seiner Bauart, Bebauung und Struktur, in seiner Nutzung und Erscheinung einmalig war. Allerdings war dieser Stadtteil fast völlig in Vergessenheit geraten — dazu hatte nicht zuletzt auch seine Lage abseits der Hauptverkehrslinien beigetragen, und seine Bewohner drängte es nicht unbedingt danach, die etwas ungepflegt wirkenden Häuser und Straßen der allgemeinen Aufmerksamkeit preiszugeben. In den fünfziger Jahren jedoch, als viele der für die Existenz der Stadt wichtigen Aufgaben durchgeführt oder in Angriff genommen worden waren, wie der Hafenbau, der Bau von Wohnungen, Schulen und Straßen, wurde das Interesse am *Schnoor* lebendiger, er wurde sozusagen wiederentdeckt. Man war sich bewußt, daß hier ein fast mittelalterlich anmutendes Viertel innerhalb der Stadt vorhanden war — wertvoll nicht nur durch seine Einzelbauten, sondern auch in der Gesamterscheinung — und daß die in ihm erhalten gebliebenen alten Gebäude wegen der Kriegsverluste an vielen anderen Stellen der Stadt um so wertvoller geworden waren.

Allmählich wurde der Wunsch laut, dieses Gebiet der Nachwelt als ein kostbares Erbe zu erhalten; auch hörte man jetzt Stimmen, die dafür eintraten, daß in einer Zeit der Überperfektion und der Übertechnisierung hier eine Oase für Gefühl und Gemüt geschaffen werden könne. Schon im Jahre 1952 war von dem „bezaubernden Altstadtviertel voller Atmosphäre" die Rede, dicht bei der Stadt gelegen, eine Welt für sich.
In den Jahren 1955/56 wurde dann darauf hingewiesen, daß dem *Schnoor* durch „viel wurmstichiges Holz" die Gefahr des Verfalls drohe und die Hauseigentümer dieses Gebietes nicht immer in der Lage seien, die notwendigen Instandsetzungsarbeiten ohne fremde Hilfe durchzuführen; hierfür sei die Hergabe öffentlicher Mittel erforderlich. Alsdann wurde auch in der örtlichen Presse die Frage laut: Wo bleibt das Ortsstatut? Denn es war allmählich bekannt geworden, daß von der Baudenkmalpflege ein solches vorbereitet sei, das sich mit der baulichen Prüfung und Erhaltung der Häuser befaßte, und daß — soweit möglich — eine Umsiedlung der dort noch ansässigen Bewohner etwa dem Bestreben einer „Revitalisierung" dieses Viertels dienlich sein könnte, sofern es gelänge, hier z. B. Künstler und Kunsthandwerker anzusiedeln.
Derartige Pläne und Gedankengänge wurden zu jener Zeit immer wieder geäußert, jedoch war zu ihrer Verwirklichung mehr als nur der gute Wille erforderlich. Ganz abgesehen von Fragen soziologischer oder finanzieller Natur, ging es vor allem darum, festzustellen, ob das Schnoor-Viertel seiner Größe nach ein geeignetes Objekt war und hier eine ausreichende Bausubstanz den Erlaß eines solchen Ortsstatuts rechtfertigte.
Im Einvernehmen zwischen Baudenkmalpfleger, Landeskonservator und Bauverwaltung wurden zahlreiche Überlegungen und Vorarbeiten, die auch die notwendigen juristischen Regelungen einbezogen, durchgeführt. Ende 1958 konnte der Bremischen Bürgerschaft der Entwurf zum „Gesetz, betreffend die bauliche Gestaltung des Schnoorviertels und der Umgebung der St.-Johannis-Kirche" vorgelegt werden, das dann auch am 3. Februar 1959 beschlossen wurde.
Dieses Gesetz wurde in der klaren Erkenntnis erlassen, daß die Achtung vor den Leistungen früherer Zeiten und die Pflege der überkommenen Güter von hoher kultureller Bedeutung sind. Bremen hatte sich damit ein Gesetz gegeben, das in seiner Art einmalig war.
Zunächst war nur geplant, die vorhandene Bebauung entsprechend dem Gesetz in sorgsamer Weise zu pflegen und Baulücken zu schließen, um die äußere Erscheinung des Gebietes allmählich wieder ansehnlich zu machen und den historischen Reiz der alten Straßen und Gassen zu erhalten.
Die diesem Stadtviertel eigene Romantik sollte in pfleglicher Erhaltung dem modernen Menschen einen Zugang eröffnen zur Geschichte und Tradition seines Lebensraumes. Hierfür bot sich in Bremen mit dem *Schnoor* ein Gebiet an, das manche andere deutsche Stadt nach den Zerstörungen des letzten Krieges in dieser Geschlossenheit nicht mehr aufweisen konnte.
Nach einer knappen Anlaufzeit ermöglichte alljährlich eine gewisse Summe städtischer Mittel die Förderung der Arbeiten, so daß deren Beginn oder Fortgang nicht unmittelbar abhängig wurde von dem Fehlen oder dem Vorhandensein der privaten Mittel dortiger Hauseigentümer; nicht jeder von ihnen konnte auf öffentliche Hilfe verzichten.

GOLDSCHMIEDE
& GALERIE
DIETER
TOLKE

Die Aufgabe der bremischen Baudenkmalpflege: bauliche Instandsetzung des Schnoor

Dieses ungewöhnliche Unternehmen wurde unter die Leitung des Verfassers gestellt; eine reizvolle Aufgabe, die mit Hilfe des Gesetzes einen ganzen, wenn auch nur etwa 2,2 ha großen Stadtteil mit 100 Häusern auf 120 Grundstücken am Leben erhalten, oder besser noch zu neuem Leben bringen sollte.
Ohne große Vorbehalte und kleinliche Bedenken begann die Arbeit. Es wurde weder ein General- noch ein Arbeitsplan aufgestellt. Wer von den ansässigen *Schnoor*-Bewohnern ein echtes Interesse bekundete, sein Haus instandsetzen oder umbauen zu lassen, an welcher Stelle es auch immer lag, wendete sich an den Baudenkmalpfleger.
Im Bewußtsein, ein eigenes Anwesen in dem unter den Schutz des Gesetzes gestellten Schnoor-Viertel zu besitzen, wuchs so etwas wie ein neues, auf die Zukunft gerichtetes Selbstvertrauen, das auch zu ungewöhnlichen Plänen Mut machte. So mehrten sich die Absichten, durch geschickte Umbauten eine Künstlerwohnung oder ein Atelier zu schaffen und zu vermieten.
Neue Absichten und Ziele machten in fast allen Fällen vorab ein Aufmaß des betreffenden Hauses erforderlich, da wirklich brauchbare Baupläne oder alte Bauakten kaum vorhanden waren.
Wegen des oft unregelmäßigen Zuschnittes der Grundstücke wie auch der Hausgrundrisse war das Aufmessen vielfach mühsam. Senkungen an äußeren und inneren Mauern und Wänden, an Balkenlagen und Sparren ergaben Maßdifferenzen schon innerhalb eines Raumes. Aus diesen Gründen mußten möglichst viele Maße genommen werden, deren Auswertung nur möglich war, wenn die Zeichnung in einem Maßstab angelegt wurde, der eine ausreichende Größe aufwies. Hierfür wurde einheitlich der Maßstab 1:50 gewählt. Aufmaße sehr kleiner Häuser, wie z. B. an der „Wüstestätte“, wurden auch im Maßstab 1:20 dargestellt, obwohl hierbei für das geübte Architektenauge leicht der Eindruck entstehen konnte, als täuschten die Zeichnungen eine nicht vorhandene Größe der Häuser und Räume vor.
Diese Meßtätigkeit erbrachte allerdings den Vorteil, zu den Bewohnern des Hauses wie zum Hause selbst ein für die Arbeit nützliches und persönliches Verhältnis zu bekommen. Der Bauzustand der Häuser, ihre bauliche und strukturelle Art und Beschaffenheit konnten auf diese Weise schnell kennengelernt werden, auch ließen sich dabei manche interessante Einzelheiten entdecken.
Die Aufstellung der Kostenanschläge, d. h. die Ermittlung der Gesamtkosten, war die Grundlage für die Gewährung eines Zuschusses. Seine Art war festgelegt und in allen Fällen die gleiche, ein Zuschuß mußte es immer bleiben: Der Hausbesitzer selbst mußte den größeren Teil der Kosten aufbringen, auch wurde der Zuschuß nicht an ihn ausgezahlt, sondern durch Übernahme entsprechend hoher Rechnungen gewährt.
Schon nach der Grundsatzerklärung wurde niemand gezwungen, sein Haus instand setzen zu lassen. Aber wer das beabsichtigte, konnte auf Hilfe rechnen. Ein zwar zu Anfang hier und dort erkennbares Mißtrauen gegen den staatlichen Zuschuß konnte verhältnismäßig schnell überwunden werden, selbst, wenn nicht sogleich überzeugend erschien, daß der Staat verlorene Zuschüsse gab. Man meinte, vom Staat eher ein Nehmen als ein Geben erwarten zu müssen. Gelegentlich wurde auch befürchtet, daß der Zuschuß in Form einer Zwangshypothek auf das Haus eingetragen würde mit dem Ziel, es in den Besitz des Staates zu bringen. Aber auch dieser Verdacht ließ sich nicht lange aufrechterhalten, denn es bestätigte sich, daß

Nach dem Zweiten Weltkrieg präsentierten sich verschiedene Häuser in sehr schlechtem Zustand.

den Hauseigentümern, die ihr Haus instand gesetzt oder durch Umbau verbessert hatten, keinerlei Schwierigkeiten erwuchsen.
Darüber hinaus waren die Bewohner, die dort ansässig bleiben wollten, durch diese Hilfe aller Unbequemlichkeiten und Unzulänglichkeiten enthoben, die sie bisher in ihren alten Häusern hatten auf sich nehmen müssen.
Nun trat eine Wende ein, die nicht vorauszusehen war, die aber in ihren Auswirkungen dem gesamten Unternehmen einen völlig neuen Aspekt verlieh.

Ein Kreis von Künstlern und Kunsthandwerkern begann, sich für den *Schnoor* zu interessieren. Sie wollten hier ansässig werden, weil sie sich vom Milieu und von der Atmosphäre dieses Gebietes angezogen fühlten. So bemühten sie sich, hier ein Haus, dort eine Wohnung, eine Werkstatt oder ein Atelier zu erwerben oder zu mieten. Es erschien ihnen reizvoll genug, in dieser eigenartigen und ganz anderen Umgebung wirken zu können. Hier hofften sie, Anregungen und Muße für ein erfolgreiches Schaffen zu finden — inmitten der Nachbarschaft von Gleichgesinnten und einer Welt

Das Bild läßt den schlechten Zustand der Häuser vor der Wiederherstellung deutlich erkennen.

Nach der Wiederherstellung.
Die verhaltene Farbgebung unterstreicht die Eigenart der Häuser. Ihre Höhenunterschiede werden durch die im wesentlichen gleiche Dachneigung unter eine Dominante gebracht.

voller eigenartiger Reize, begünstigt durch die Nähe des Zentrums von Bremen. Sie alle konnten sich von der Aufwertung des *Schnoor* eine starke Anziehungskraft auch auf Kunstfreunde und -käufer erhoffen.
Von nun an war die Sorge ausgeschaltet, daß das Schnoor-Viertel zu einer Art Freilicht-Museum werden und in dieser Rolle verharren würde. Jetzt bot sich die großartige Möglichkeit, dieses Gebiet in den lebendigen Rhythmus der Gegenwart einzubeziehen und ihm über die museale Aufgabe hinaus einen echten Sinn zu geben, es mit neuem Leben zu erfüllen und in viel umfassenderer Weise dienstbar zu machen. So gaben eigentlich die Künstler und Kunsthandwerker dem Gebiet eine ganz andere und viel stärkere Anziehungskraft, als es die nur wieder aufgefrischten Häuser und Straßenfronten vermocht hätten. Die Besucher des Schnoor-Viertels hatten jetzt die gesteigerte Freude, nicht nur alte, aber instand gesetzte Häuser zu sehen, sondern auch neues Leben darin vorzufinden.
Es war ein ungeplantes, aber um so wirkungsvolleres Zusammentreffen zweier verschiedener Absichten zu einem besonders günstigen Zeitpunkt, und zwar gleich zu Beginn der Wiederherstellungsarbeiten!
Nach den Vorstellungen und Wünschen der zukünftigen Bewohner konnte die Umgestaltung der Häuser jetzt auch auf ihr Inneres ausgedehnt werden. Nicht selten liefen diese umfassenden Bemühungen auf eine behutsame Neugestaltung des noch Vorhandenen hinaus. Besonders bei Häusern in städtischem Eigentum konnte die Kunst ausgeübt werden, die Gedanken, Wünsche und Absichten der neuen Mieter mit den technischen Möglichkeiten und architektonischen Gegebenheiten in Einklang zu bringen, wobei zwar nicht immer gerade *das* Haus zur Verfügung stand, das für die gemeinsamen Absichten erwünschter gewesen wäre. Modern empfindende und zeitnah schaffende Künstler in wiederherzustellenden oder umzugestaltenden Häusern etwa des Barock, Rokoko oder Klassizismus heimisch zu machen, in denen ihre Schaffenskraft ebenso gedeihen sollte wie an den früheren Stätten ihres Wirkens, war hier der hohe Reiz der Aufgabe. Daß sie in allen Fällen zwischen den Künstlern und der Baudenkmalpflege zur Zufriedenheit gelöst werden konnte, soll nur nebenher festgestellt werden.
Bei der Grundriß-Um- oder -Neugestaltung wurde auf das Votum der Hausfrau entscheidender Wert gelegt, und bei aller anzuerkennenden Eigenwilligkeit eines Künstlers müssen auch in seinem Hause die Küche an der richtigen Stelle liegen und der Grundriß so genutzt werden, daß künstlerisches Schaffen nicht durch die Tätigkeit der Hausfrau gestört wird, beide aber in ihrem Bezirk die nötige Bewegungsfreiheit haben.
Bei allen geschilderten Maßnahmen blieb stets das oberste Gebot, die Individualität eines jeden Hauses im Äußeren wie im Inneren so zu bewahren, daß auch weiterhin die Vielfältigkeit der äußeren Erscheinungen den Reiz dieses alten und nun doch so modernen Stadtviertels ausmacht.
Der Einzug der Künstler wie aller anderen neuen Bewohner des Schnoor-Viertels erfolgte allmählich und behutsam. Ein Zwang, auszuziehen, durfte auf die ansässigen Bewohner nicht ausgeübt werden, so daß auch deren Umsiedlung in aller Ruhe erfolgte; in vielen Fällen konnte die Behörde Hilfe leisten bei der Beschaffung einer anderen Wohnung.
Ebenso hilfreich erwiesen sich auch manche der Käufer alter Schnoor-Häuser, indem sie den bisherigen Bewohnern neue Wohnungen vermittelten. Mancher Schnoorbewohner aber, der geblieben war, empfindet nun einen gewissen Stolz, daß von dem Ansehen, das die Künstler im neu erstandenen *Schnoor* genießen, auch ein Teil auf ihn übergeht und er mit gutem Recht feststellen kann, in einem der interessantesten Stadtviertel Bremens zu wohnen.

Verkehrsprobleme im Schnoor-Viertel

Den Fragen des Straßenverkehrs kommt heute im Städtebau vorrangige Bedeutung zu. Soll dann noch, wie in unserem Fall, ein mittelalterlich enges Stadtviertel „revitalisiert" werden, so müssen durchaus unkonventionelle Lösungen gefunden werden. Hier gibt es keinen Autoverkehr, und selbst die auf Transportmittel angewiesenen Zulieferungen an Gaststätten oder andere Betriebe müssen sich auf die besonderen Verhältnisse einstellen. Nun sind die verkehrstechnischen Voraussetzungen im *Schnoor* verhältnismäßig günstig, da Hauptverkehrsstraßen dieses Viertel nicht berühren oder durchschneiden.

Es handelt sich allenfalls um die Straßenzüge Altenwall im Osten, Tiefer im Süden und Balgebrückstraße im Westen, deren Häuserreihen das Schnoor-Viertel vom Verkehrsgetriebe abschirmen. Eine Ausnahme bildet lediglich der für den schweren Verkehr nutzbare Stavendamm, der von der Tiefer aus zu erreichen ist und in einem kleinen Platz endet. Die im Schnoor-Viertel ansässigen Handelshäuser sind mit Lastkraftwagen nur vom Stavendamm aus zu erreichen, der mit 13,5 m die breiteste Straße dieses Viertels ist.

Das Straßennetz im Gebiet östlich des Stavendamms ist eng und feinmaschig. Fraglos handelt es sich hier um den ältesten Teil des Schnoor-Viertels; dies zeigt sich auch in der geschwungenen Linienführung der Straßen und Gassen, die — nur wenige Strecken sind gerade — fast stets geschlossene Straßenbilder erzeugen.

Hier zeigen Straßen und Gassen wie auch die Größe der an ihnen liegenden Grundstücke eine harmonisch gegeneinander abgewogene Maßstäblichkeit. Zu einem nicht unerheblichen Teil beruht darauf die Gesamtwirkung des Viertels.

In dem westlich des Stavendamms gelegenen Teil sind die wenigen Straßen bereits gerade geführt und lassen somit auf eine jüngere Datierung schließen. Die Hohe Straße konnte sogar erst nach 1837 und dem damals erfolgten Abbruch des Johannisklosters entstehen. An den Verkehrsflächen im Schnoor-Viertel ist eine Reihe von Änderungen und Ergänzungen behutsam durchgeführt worden. Stets aber wurde der größte Wert darauf gelegt, daß die in ihrer Linienführung sehr unregelmäßigen Fluchtlinien erhalten blieben. Sie sind echte und älteste Urkunden; teilweise von Haus zu Haus wechselnd, verleihen sie in ihrer ungewollten Lebendigkeit der räumlichen Erscheinung von Straße und Straßenfront den größten Reiz, unterstützt durch das Spiel von Licht und Schatten.

Besonders an der Nordseite der Straße Schnoor ist die Entstehung dieser abwechslungsreichen Häuserlinie etwa in der Mitte zwischen Süsterstraße und Marterburg mit großer Wahrscheinlichkeit auf den Lauf der Balge zurückzuführen. Dieser Wasserzug, ein Nebenarm der Weser, verlief hier in ostwärtiger Richtung, etwa in der Mitte der Tiefe des Baublockes. Er ist 1837 zugeschüttet worden, nachdem er als „stinkende Kloake" lästig zu werden begann. Die Unregelmäßigkeit seiner Linienführung hat bei dem Bestreben der Anwohner, an seinem Südufer Grundstücke gleicher Tiefe zu erhalten, dazu geführt, daß die Häuserflucht an der Nordseite des Schnoor parallel zu dem Wasserlauf ebenso unregelmäßig verlief. Die Straße Hinter der Balge, ebenfalls unmittelbar an diesem Wasserlauf entstanden, zeigt die gleichen Krümmungen wie die dem Gegenufer folgende Häuserlinie.

Die Straßen Wüstestätte, in ihrem jetzigen Zustand, Hinter der Balge und die Spiekerbartstraße hatten, schon wegen ihrer sehr geringen Breite, keine eigentliche Fahrbahn. Damit entsprechen sie von vornherein auch der ihnen zugedachten Funktion im modernen städtebaulichen Sinne. So kommen die alten Straßen

Hinter der Balge (von Osten)

Die Straße hat ihren Charakter als Wohnweg — heute Fußgängerzone — immer behalten.

nach Art und Anlage dem Bestreben entgegen, den Besuchern durch Schaffung reiner Fußgängerzonen ein ungestörtes Schlendern und Schauen zu ermöglichen. Die früher befahrbaren Straßen an der Nordseite und an der Westseite der St.-Johannis-Kirche wurden ebenfalls zu reinen Fußgängerzonen umgestaltet. Die Hohe Straße endet daher schon vor der Westfront der Kirche in einem Wendeplatz.

Die Franziskanerstraße führt an ihrem Nordende nicht mehr in die Straße Lange Wieren, da diese bereits den Fußgängern vorbehalten ist. Der Höhenunterschied beider Straßen von 70 cm konnte daher erhalten bleiben, er wird durch eine Treppe überwunden. Eine zusätzliche Erweiterung der Fußgängerzone ist bei dem Wiederaufbau des Hauses Schnoor Nr. 8 durch eine erdgeschossige Passage geschaffen worden, die den Schnoor mit der Straße Hinter der Balge verbindet. Hierdurch sind ein zusammenhängender Rundgang ermöglicht und gleichzeitig ein äußerst reizvolles Blockinnere erschlossen.

Die vermehrte Schaffung von Fußgängerzonen in einem Stadtviertel, das ohnehin für den rollenden Verkehr nicht die günstigsten Voraussetzungen bietet, führt zwangsläufig zu einer noch stärkeren Drosselung dessen, was gemeinhin als „Straßenverkehr“ bezeichnet wird. Die Straße Schnoor auf ihrer gesamten Länge von der Straße Am Landherrnamt bis zur Marterburg hin ist zur Fußgängerzone erklärt worden. Umlegbare Eisenpfähle, für die nur die Anwohner Schlüssel erhalten, verhindern das Befahren. Die vorhandene Pflasterung blieb erhalten, um den Charakter der Straße zu bewahren.

Eine bei dem Aufbau des Hauses Schnoor Nr. 1 erfolgte Eckausklinkung verbessert auch für die Fußgänger die Übersicht an dieser Stelle ebenso wie eine geringfügige Zurücknahme der straßenseitigen Giebelfront beim Wiederaufbau des Hauses Hinter der Holzpforte Nr. 4. Weiter erfolgten die Umgestaltung der Verkehrsfläche des Platzes am Nordende des Stavendammes und die Errichtung eines Brunnens auf der dort vergrößerten Fußwegfläche.

Das Eckgrundstück Schnoor/Spiekerbartstraße ist wegen seiner geringen Größe nicht wieder bebaut worden. Hier stand früher ein zweigeschossiges Haus, dessen Wiederaufbau schon aufgrund baupolizeilicher Bestimmungen Schwierigkeiten bereitet hätte, ganz abgesehen von der Unmöglichkeit einer sinnvollen Nutzung. Der so entstandene Eckplatz hat eine zur Erinnerung an den Dichter Georg Droste geschaffene Gedenkstätte aufgenommen. Auch hierdurch ist eine Auflockerung der Bebauung erzielt worden, die den räumlichen Maßstab der Umgebung nicht zerstört, sondern eher in seiner Wirkung steigert. Für die Schließung der größeren Baulücke an der Südseite der Straße Schnoor mit den Häusern Nr. 31 bis 35 ist von vornherein an passender Stelle eine Verfaltung der Häuserlinie geplant worden, um die Gefahr von Eintönigkeit zu vermeiden, die in der Errichtung einer größeren Anzahl von Giebelhäusern besteht.
So ergab sich auch hier eine platzartige Ausweitung des Straßenraumes mit einer maßstabgerechten Auflockerung, an ihrer Südseite mit Traufenhäusern bebaut.

Gemeinsame Arbeit am Schnoor
Handwerker — Material und Baustoffe — Baugestaltung

Die Sanierung und Konservierung des Schnoor-Viertels sind anfangs mit einer gewissen Skepsis betrachtet worden. Schließlich handelte es sich um ein Unternehmen, von dessen Ausgang man noch keine klaren Vorstellungen haben konnte. In jedem Jahre wurden mehrere Häuser instand gesetzt, drei, vier oder sechs an der Zahl, gerade so viel, wie es die öffentlichen Mittel, die Mittel der Hauseigentümer und die Kapazität der Baufirmen zuließen. Die Hauseigentümer und die Handwerker ließen sich von der Freude an der Arbeit begeistern, und diese Begeisterung übertrug sich dann auch vielfach auf die Nachbarn oder auf interessierte Künstler, die sich hier ebenfalls eine Wohn- und Arbeitsstätte wünschten. Das Bauaufsichtsamt mußte großes Verständnis aufbringen, zumal die sonst von ihm erhobenen Forderungen und Vorschriften für Sicherheit sich mit den im *Schnoor* vorhandenen Verhältnissen manchmal nicht ohne weiteres in Einklang bringen ließen. Recht bald aber herrschte mit dem Bauaufsichtsamt Einverständnis darüber, daß die vorhandenen baulichen Verhältnisse und Gegebenheiten im *Schnoor,* wie z.B. Stockwerkshöhen, Brüstungshöhen, Raumgrößen, nicht an den üblichen Maßstäben der Bauordnung gemessen werden konnten. Hierbei wurde viel Entgegenkommen gezeigt, und man sah bei der *Schnoor*-Sanierung als einem Sonderfall von Forderungen ab, wie etwa der Einhaltung vorgeschriebener Raumhöhen bei einem Neubau, dessen Höhenentwicklung anderenfalls gegenüber den vorhandenen kleineren Bauten der Umgebung das Bild einer Straße erheblich gestört haben würde.

Dasselbe Verständnis wurde von der Feuerwehr wie auch vom Stadt- und Polizeiamt bei der Konzessionierung von Gaststätten oder bei der Einrichtung von Ladengeschäften bewiesen.

Daß andererseits alle gestellten Sicherheitsforderungen weitestgehend erfüllt werden sollten, bedurfte keiner Frage. Vor Inangriffnahme einer jeden Arbeit, die mehr als nur eine Farbgebung oder ein Verputzen war, wurde in Besprechungen mit den zuständigen Ämtern jede Einzelfrage erörtert und geklärt. Bei Um- und Neubauten war das Einreichen eines vollständigen Bauantrages selbstverständlich. Von ganz besonderer Wichtigkeit war die Auswahl geeigneter Handwerker. In diesem Gebiet mußte größter Wert auf die Ausführung gediegener Handwerksarbeiten gelegt werden. Darüber hinaus konnten hier, bei schmalen und schmalsten, engen und verwinkelten Gassen Großbaufirmen mit weit ausladenden Baumaschinen schon aus rein räumlichen Gründen gar nicht eingesetzt werden, ganz abgesehen davon, daß auch die geringe Zahl und Größe der Neubauobjekte einen solchen Einsatz nicht gerechtfertigt hätte. Es stellte sich alsbald heraus, daß unter diesen Voraussetzungen am besten mittelgroße und kleinere Baufirmen einzusetzen waren, bei denen sich eine kleinere Maurerkolonne und eine kleine Zimmererkolonne gegenseitig in der Arbeit unterstützten, die Maurer gelegentlich beim Vorlegen von Deckenbalken, die Zimmerer beim Vorsetzen von Sandsteinteilen mit Hand anlegen konnten. Beide Gruppen mußten aus Männern bestehen, die noch Freude an handwerklicher Arbeit hatten.

Es war zunächst nicht leicht, die Handwerker davon zu überzeugen, daß sie nicht das „Schöne“ herausarbeiten sollten, etwa um einer romantischen Stimmung zu Hilfe zu kommen, sondern daß sie ein Gefühl dafür bekommen mußten, nur das für richtig zu halten, das so aussah, als wäre es schon immer so gewesen.

Für Maurer und Zimmerleute ergab sich nun eine Fülle ungewohnter Aufgaben, sei es das schlichte Schlämmen einer Front — glattgeputzte Hausflächen wurden nach Möglichkeit vermieden, denn geschlämmte Fronten wirken wegen der Unregelmäßigkeit ihrer Oberflächen viel lebendiger — sowie das Herstellen eines soliden Mauerverbandes oder das Aussägen eines profilierten Kopfbandes. Ungekünstelt und ungewollt mußte dann die fertige Arbeit aussehen, und öfter gab es erstaunte Gesichter, wenn Änderungen etwa zwei- oder dreimal vorgenommen werden mußten, bis alles so gelungen war, daß es vor der Zukunft Bestand haben konnte. Dies traf besonders auch für die Tischlerarbeiten zu. Es bedurfte zwar keiner sehr großen Mühe, die Tischler davon zu überzeugen, daß sie ebenfalls in der geschilderten Weise zu arbeiten hatten, dennoch mußten — besonders in den ersten Jahren der Revitalisierung des Schnoor-Viertels — viele Einzelzeichnungen im Maßstab 1:1 angefertigt werden, bis schließlich Türen und Fenster und ihre Querschnitte wie ihre Profile bis zur letzten Sprosse hin so ausfielen, daß sie Billigung finden konnten. Dazu gehörte z.B. auch die Vermittlung der Kenntnis, daß Rokoko-Fenster mehr Sprossen aufweisen müssen als Fenster in klassizistischen Häusern und daß Kathedral- oder sonstiges Ornamentglas und ganz besonders das „Eisblumenglas“ gar nicht oder nur mit aller Vorsicht zur Anwendung kommen durften. Von der gleichen Wichtigkeit war aber auch die Zusammenarbeit mit dem Maler, die Farbgebung der Häuser.

Es war nicht zu vermeiden, daß ein Haus sogleich nach Fertigstellung und dem letzten Anstrich einen etwas „steifen“ Eindruck machte. Manche romantischen Motive, die dem „Zahn der Zeit“ zu verdanken sind, wie Risse oder abgeplatzter Putz, wie durchgebogene Sparren und Dachflächen oder wie verwitterte Farben, die zu einem malerischen Gesamteindruck beitragen, entfallen dann und lassen den Verdacht aufkommen, als sei das Malerische ein für allemal verschwunden. Bei dem bremischen Klima jedoch, dem häufigen Regen, der viel Unreinigkeiten aus der Luft mit sich bringt, wird aber binnen eines Jahres soviel Staub und Sand auf den Fronten abgelagert, daß eine deutliche Farbabstumpfung des Hausanstrichs die Folge ist. Bei aller Vorsicht und allem gebotenen Feingefühl bei der Auswahl der Farben wurde deshalb angesichts der geschilderten atmosphärischen Verhältnisse immer sogleich ein höherer Grad von Farbintensität gewählt: Die Gefahr, daß die Farben auf Dauer zu grell und aufdringlich erscheinen könnten, war gering.

Es wurde großer Wert darauf gelegt, die Häuser möglichst verschiedenfarbig zu halten, um so die Straßenfronten insgesamt abwechslungsreicher erscheinen zu lassen. Das ergab bei den oftmals kleinen Frontflächen eine fröhlich wirkende Grundstimmung, welche die Anziehungskraft und den Reiz des *Schnoor* unterstützt. Das bremische Klima ließ deshalb in diesem besonderen Falle die von der Baudenkmalpflege vertretene Farbenfreudigkeit vollauf gerechtfertigt erscheinen. Es wurden meist Erdfarben bevorzugt, deren Skala von Weiß und Grau über lichten und dunklen Ocker bis hin zu Terrakotta und gelegentlich einem warmen Braun spielt, kontrastiert mit einer Skala von Lichtgrün und zartem Blaugrün bis zur „Veroneser Grünen Erde“. Die Farben wurden in jedem Falle sehr behutsam am Orte selbst erprobt, zusammen mit dem Hauseigentümer ausgewählt und auf die Farbgebung des Nachbarhauses abgestimmt. Die Auswahl war bei den genannten Farben und deren Zwischentönen ausreichend groß. Darüber hinaus wurden bei den Hausanstrichen grundsätzlich nur Binderfarben und keine unschön glänzenden Lackfarben verwendet. Für Fenster wurde fast immer ein gebrochenes Weiß bevorzugt; Dachrinnen wurden in den Farben der Fronten gehalten, Haustüren meistens in einer Komplementärfarbe, z.B. bei einem terrakotta oder rotbraun gestrichenen Haus in einem verhaltenen Blaugrün, bei einem blaugrün gestrichenen Haus in Rotbraun.

Holzteile und Fachwerk erhielten an passender Stelle in geringem Ausmaße Farbbetonungen, Sandsteinzierat wurde, soweit angängig, durchaus mit Farbe in seiner Wirkung gesteigert, Inschriften oder besonders markante Teile wie etwa Wappen erhielten sogar eine Teilvergoldung.

Sandsteingewände aus dem Jahre 1627 (Weserrenaissance).

Die Regenabfallrohre an den Hausgrenzen wurden in schlichter, neuzeitlicher Form gehalten und, soweit möglich, in die schmalen seitlichen Hausabstände zurückverlegt.
Die Dächer wurden ausnahmslos mit rotbraunen Pfannen gedeckt, die erfahrungsgemäß im Laufe der Zeit einen dunkelbraunen Ton annehmen.
Es ist fast überflüssig zu sagen, daß die Häuser im Innern eine neuzeitliche Installation erhielten und mit allen Einrichtungen moderner Hygiene ausgestattet wurden. Dabei mußten viele, im Laufe der Jahre durch die verschiedensten Einwirkungen untauglich gewordenen Entwässerungskanäle wieder instand gesetzt werden. Der Einbau einwandfreier Be- und Entwässerung wie auch moderner Heizungsanlagen war selbstverständlich. Für diese nicht in Erscheinung tretenden Arbeiten war ein erheblicher Aufwand an Mitteln erforderlich.
Selbst neuzeitliche Baustoffe wurden herangezogen, sie waren bei der Konservierung manchen Hauses geradezu unentbehrlich. Hierzu rechnet Zement ebenso wie die Skala moderner Chemikalien zur Abdichtung von Mauerwerk oder Kellerfußböden gegen Feuchtigkeit.
Bei der Grundüberholung alter, vorhandener Häuser ebenso wie bei den an Zahl geringen Neubauten wurde Stahlbeton verwendet. Wo angängig, wurde aber auch gebrauchtes Material aus Abbrüchen verwendet, wie etwa bei der Herstellung von Holzbalkendecken. Als Fußbodenbelag in Dielen oder Durchgängen wurden mit Vorliebe Solling- oder Rotsandsteinplatten, in Bremen auch unter dem Namen Schebel-Platten bekannt, verwendet. Es handelt sich gerade hierbei um ein ebenso schönes wie dauerhaftes bodenständiges Material, das im wesentlichen und kostensparend aus Hausabbrüchen gewonnen worden war. Diese Platten in der Größe von 50 x 50 cm, in den verschiedensten Tönen des Rosa spielend, waren früher in Bremen stark verbreitet und in den letzten Jahren durch die Baudenkmalpflege in solchen Mengen geborgen worden, daß sie für die Arbeiten im

Schnoor-Viertel nicht neu beschafft werden mußten. Ähnliches gilt für Balken und Dachsparren.

Eine besondere Genugtuung ergab sich für den Baudenkmalpfleger stets aus der Wiederverwendung geborgener Teile von abgebrochenen oder kriegszerstörten bremischen Häusern. In der ersten Nachkriegszeit waren eigens Kolonnen eingesetzt worden, um Klosterformatsteine, besonders aber Sandsteinteile aller Art zu sichern. Wertvolle Stücke, Plastiken, Gesimssteine, Vasen, Friese, Gewände, Schriftplatten, Wappentafeln und Säulen wurden aus den Trümmern geborgen und auf einem großen Platz des bremischen Bauhofs gelagert. Von der Wiederverwendung dieser Teile wurde nach Möglichkeit auch im *Schnoor* Gebrauch gemacht, und so konnte eine Reihe von Giebelkrönungen, Türgewänden, Schmucksteinen und auch gelegentlich Wappenplatten an geeigneten Stellen bei Um- oder Neubauten mit eingefügt werden, ohne daß dabei eine „Stilprägung" erfolgte.

Da es sich aber bei diesen Teilen in jedem Falle um künstlerisch und handwerklich hochwertige Zeugnisse der Vergangenheit handelte, die aus der bremischen Altstadt stammten, ohne daß sich ihr früherer Standort im einzelnen nachweisen ließ, war ihre Wiederverwendung durchaus gerechtfertigt. Damit ergab sich oftmals ein zusätzliches, schönes Dekorum, von

Relief, geborgen aus dem abgebrochenen Lloydgebäude an der Papenstraße, jetzt eingebaut beim Kindergarten an der Kolpingstraße.

den Hausbesitzern und den Besuchern des *Schnoor* beifällig begrüßt. Auch stellt die Wiederverwendung dieser Stücke insgesamt eine in die Praxis integrierte echte Denkmalpflege dar.

Bei der Schaffung erforderlicher Nebenbauten wurde ebenso behutsam verfahren wie bei deren gelegentlich erforderlichem Abbruch. Eine Auskernung der Baublöcke wurde nur vorgenommen, wo es unbedingt erforderlich war. In jedem Falle war die Erhaltung des räumlichen und malerischen Eindruckes und des ursprünglichen Maßstabes verpflichtend.

Im allgemeinen hatten sich alle beschäftigten Handwerker erstaunlich schnell in die ihnen zunächst ungewohnte Arbeitsweise hineingefunden. Ihnen dabei eine gewisse Freiheit und Selbständigkeit zuzugestehen, konnte die Freude an der Arbeit nur noch steigern. Für den stetigen Fortschritt der Gesamtarbeit hatte sich allerdings bewährt, daß im wesentlichen immer wieder dieselben Handwerker und Firmen beschäftigt wurden. Ihre jahrelang betriebene Schulung trug Früchte; die von ihnen gesammelten Erfahrungen kamen dem Ganzen zugute. Es bestand schließlich kaum mehr die Gefahr, daß etwas völlig mißlang.

Das wachsende Selbstbewußtsein des Schnoor und seiner Bewohner

Trotz aller anfänglichen Skepsis wurde das Schnoor-Viertel allmählich immer ansehnlicher. Mit wachsendem Baufortschritt kehrte das fast vergessene Gebiet ins Bewußtsein der Bremer zurück. Mit der immer größer werdenden Zahl der Besucher wuchs in gleichem Maße das Interesse der Allgemeinheit. Hatte anfangs der Baudenkmalpfleger fast allein gewirkt und geworben, getragen von seinem Optimismus und seiner Begeisterung für die Aufgabe, so nahm sich nun allmählich auch die Öffentlichkeit der Sache an. Die bremische Presse, später dann aber auch die auswärtigen Tageszeitungen fanden Lob und viele wohlwollenden Worte für den *Schnoor* und die darin betriebene Aufbauarbeit; immer wieder berichteten sie mit großzügig illustrierten Abhandlungen darüber. Inländische und ausländische Fachzeitschriften, Illustrierten und Wochenschriften aller Art beschäftigten sich mit diesem Werk, und mancherorts, so in Hamburg und Düsseldorf, wurde die Frage laut, ob das, was Bremen könne, nicht auch in diesen Städten möglich sein sollte. Funk, Fernsehen und Film traten auf den Plan und sahen in dem immer ansehnlicher werdenden Gebiet einen brauchbaren Hintergrund für manche Produktionsabsicht.

Die Zahl der Besucher — auch der offiziellen — nahm ständig zu. Minister, Architektengruppen, Fachleute und Laien, Schüler und Reisegesellschaften, Bremer, Auswärtige und Ausländer besichtigen jetzt fast zu jeder Tageszeit einzeln oder in Gruppen an Sonn- wie an Alltagen den *Schnoor* oder lassen sich hindurchführen. Der Verkehrsverein Bremen hat das Gebiet in das Programm seiner Stadtführungen einbezogen und vermerkt es in den Übersichtsplänen der von ihm herausgegebenen Prospekte als besondere Sehenswürdigkeit.

Heute äußern sich fast alle Besucher erstaunt über die Vielzahl der Entdeckungen und Beobachtungen, die in diesem verhältnismäßig kleinen Stadtbezirk gemacht werden können. So bedingt eins das andere: je mehr der *Schnoor* mit wachsendem Baufortschritt zu bieten hatte, je größer das ihm entgegengebrachte Interesse; je zahlreicher seine Besucher, um so mehr wirkliches Leben in seinen Geschäften, Ateliers und Gaststätten, um so größer also auch die Lebensfähigkeit dieses interessanten Bremer Innenstadt-Viertels.

Aktionen, um den *Schnoor* in seiner Publizität zu fördern, waren zwar von der Baudenkmalpflege von Anfang an geplant, jedoch mußte ihre Verwirklichung eine gewisse Anlaufzeit und einen gewissen Umfang an durchgeführter Arbeit voraussetzen. Die Instandsetzung von nur zwei oder drei Häusern hätte die inzwischen erfolgte Anbringung von Hinweisschildern außerhalb des Gebietes nicht gerechtfertigt. Als diese Voraussetzungen jedoch erfüllt waren, hat die Stadt durch das Bauaufsichtsamt mehrere Schilder nach Ortsauswahl und Zeichnung der Baudenkmalpflege, ähnlich denen der Straßennamen, herstellen und mit Zustimmung der betroffenen Hauseigentümer anbringen lassen. Vom Markt aus weisen sie den Besuchern den Weg zum *Schnoor*.

Die Oberpostdirektion Bremen griff die Anregung, einen Sonderstempel einzuführen, gern auf. Er wurde von der im *Schnoor* ansässigen Künstlerin Christa Möbbeck entworfen und enthält neben der stilisierten Darstellung einiger Giebelhäuser den Text „Schnoor, ältester bremischer Stadtteil".

Für Pinsel und Stift ist kein Mangel an Motiven, und das wird in steigendem Maße von vielen, auch auswärtigen Künstlern gern wahrgenommen; sie wissen den Wert dieses Viertels zu schätzen, lassen sich vom dort Geschaffenen anregen und tragen durch ihre Werke den intimen Reiz einer sinnvollen Verbindung von

Überkommenem und modernem Leben in alle Welt. So nimmt es nicht Wunder, daß man besonders im Sommer ganze Schulklassen dort antrifft, welche die vielfältigen malerischen Motive zum Objekt ihrer zeichnerischen Bemühungen machen.
Kaum anderenorts in Bremen wird soviel fotografiert wie im *Schnoor*. Seine engen Straßen und reizvollen Winkel lassen manches liebevoll erfaßte Bild entstehen.
Von ganz besonderer Bedeutung für den *Schnoor* ist jedoch die werbende Gestaltung durch das Licht. Für Werbeanlagen der üblichen Art, Transparente, Ausleger und dgl., ist im Gesetz vom 3. Februar 1959 eine Reihe von Bestimmungen erlassen worden, die deren Gestaltung wie auch ihre Lichtfarbe mit den Vorstellungen der Baudenkmalpflege verbinden. Anders verhält es sich mit der Straßenbeleuchtung, die hier über ihren eigentlichen Zweck hinaus eine Funktion bekommt, die den eigentlichen Charakter des *Schnoor* unterstützt. Sie war seit jeher ein besonderes Anliegen der hier wohnenden Künstler und des Amtes für Baudenkmalpflege. Aber auch hier war die Realisierung besonderer Vorstellungen von der Fertigstellung einer größeren Anzahl von Häusern abhängig. Das heute erzielte Ergebnis rechtfertigt nun die durchaus unkonventionelle Art der Straßenbeleuchtung.
Daß der *Schnoor* auch nach Eintreten der Dunkelheit gern besucht wird, liegt am besonderen Reiz, die in der Dämmerung oder im Nachtdunkel liegenden Straßen und Gassen zu durchwandern. Häuser und Straßen liegen dann im Hell-Dunkel bizarrer Schattenwirkung, die das malerische Idyll in seiner ganzen Geborgenheit zur Wirkung kommen läßt. Die Schlagschatten der Fenstersprossen unterstützen die Lichtwirkung der Läden oder Ateliers. Zu dieser anheimelnden Beleuchtung würden aber die üblichen Lampen der Straßenbeleuchtung in unschöner Weise kontrastieren, und zwar sowohl in ihrer Form als durch das von ihnen ausgestrahlte Licht. Sie würden außerdem so hoch hängen, daß sie eine ausreichende Ausleuchtung des Straßengrundes kaum erzielen könnten. Die Hausbesitzer waren deshalb schon dazu übergegangen, die Beleuchtung in Läden und Erdgeschoßräumen bis gegen Mitternacht eingeschaltet zu lassen. Die für die Straßenbeleuchtung zuständigen Stadtwerke gingen nach einigen Besprechungen verständnisvoll und bereitwillig darauf ein, eine Beleuchtung zu schaffen, die dem Charakter des *Schnoor* und jedes einzelnen seiner Häuser entsprach. Man kam nach einer Ortsbegehung überein, überall dort, wo es möglich war, eine individuelle Innenbeleuchtung für die Häuser derart anzulegen, daß durch sie gleichzeitig eine Ausleuchtung der Straßen gewährleistet war. Die Stadtwerke erweisen sich großzügig, indem sie den Hausbesitzern oder Ladeninhabern, die einer Installierung ihrer Häuser in diesem Sinne zustimmten, die anteiligen Kosten für die in Fortfall gekommene Straßenbeleuchtung monatlich gutschreiben. Hiermit ist beiden Parteien gedient. Vor allem aber soll damit vermieden werden, daß der so individuell gestaltete *Schnoor* durch eine befremdlich wirkende öffentliche Beleuchtung beeinträchtigt wird.
An jenen Stellen, an denen keine Privatbeleuchtung die Aufgaben der öffentlichen Beleuchtung mit übernehmen konnte, wurden von den Stadtwerken neue Leuchten angebracht, die in ihrer Form den bekannten früheren sechseckigen Gaslaternen angepaßt sind und sich dem Straßenbild unaufdringlich einfügen.
Von lebendigem Interesse ist für Künstler wie für Kunstfreunde die Durchführung besonderer Ausstellungen. Moderne Gemälde, Aquarelle, Collagen, Plastiken und auch Schmuck verschiedener Galerien und Goldschmiede sind dann im Inneren der alten Häuser zu sehen. Das Interieur der Häuser und Räume schafft bei solchen Ausstellungen den Reiz des Gegensätzlichen: Die alten Balkendecken, hier oder dort eine Tür aus dem Rokoko oder Biedermeier, der spärliche Lichteinfall durch die kleinen, oft unterteilten Fenster lassen eine Atmosphäre von ganz besonderer Art entstehen.

GOLDSCHMIEDE
& GALERIE

Interessantes aus dem Bremer Adreßbuch von 1796

Das Adreßbuch gibt Aufschluß über die Bewohner der einzelnen Straßen im Schnoor, ihre Berufe und Tätigkeiten sowie über die dort ansässigen Betriebe. Nach diesem Adreßbuch wurden 26 verschiedene Berufe von 43 Personen ausgeübt, die in sechs verschiedenen Straßen ansässig waren. Garten- bzw. Kolpingstraße, Hohe Straße, Franziskanerstraße und die heutige Süsterstraße sind zu jener Zeit noch nicht angelegt. Unter der Süsterstraße ist der nördliche Teil der heutigen Straße Am Landherrnamt zu verstehen.
Für die Straßen Hinter der Balge und Wüstestätte sowie für die Spiekerbartstraße sind keine Betriebe und Berufe aufgeführt.
Es handelte sich mit Ausnahme von fünf Personen, nämlich 1 Accise-Meister, 1 Consumtionsschreiber, 1 Wupper, 1 Grenadier-Capitän und 1 Koch, die nach heutigen Begriffen nicht als selbständige Berufe anzusehen sind, um selbständige Handwerker, Kaufleute und Fabrikanten. 15 Betriebe, darunter allein drei „Tobacksfabricken", waren am Stavendamm ansässig. Die Bedeutung dieser Straße vor knapp 200 Jahren läßt sich auch aus dieser Tatsache ablesen.
Einige Berufe, wie z. B. „Wupper", gibt es heute nicht mehr, andere, wie „Accise-Meister" oder „Consumtionsschreiber", werden zwar noch ausgeübt, jedoch unter Bezeichnungen, die in der heutigen Steuer- oder Finanzverwaltung üblich sind, wie z. B. „Steuerinspektor" oder „Zollamtmann".
Torf hat, früher als Brennmaterial in vielen Haushaltungen verwendet, heute nur noch eine geringe Bedeutung und damit ebenso auch der Torfhandel.
„Tonnenmacher" stellten bauchige Gefäße mit zwei Böden her (Fässer). Daneben bestand noch der Handwerkszweig der „Kimker" oder „Kinker", die Gefäße mit geraden Wänden und nur einem Boden anfertigten (Eimer).

Es waren ansässig:
Im Schnoor: Bartels, Ludwig, Knochenhauer; Becker, Martin, Tonnenmacher; Ehntholt, Hans, Schiffer; Evers, Peter, Torf; Gante, Statius, Knochenhauer; Goosmann, Wichmann, Knochenhauer; Grütter, Johann Ludolph, Mauermeister; Liebmann, Jacob, Schlosser; Meyer, Joh.-Christ., Tonnenmacher.

In der Marterburg: Bödecker, Stuhlmacher; Bremermann, Friedrich, Tonnenmacher; Goosmann, Hinrich, Freischlachter; Grube, Hermann, Küper; Grube, Hinrich, Küper; Heyn, Adolf Friedrich, Perückenmacher; Schriever, Carsten, Branntweinbrenner; Sievers, Christian, Schiffer; Sievers, Hinrich, Torf.

Hinter der Holzpforte: Borgmann, Hinrich, Schiffer; Greve, Cord, Torf; Kunoth, Johann Daniel, Wupper; Mally, Franz Hinrich, Branntweinbrenner; Prange, Christoph, Accise-Meister.

Am Stavendamm: Brockmann, Johann Daniel, Bierbrauer; Curtius, Johann, Consumtionsschreiber; Görtz, Johann Christian, Tobacksfabrick; Heinemann, Georg Gottfried, Wittwe, Berger-Waaren; Jantzen, Michael, Kreite, Gewürzwaaren und Tobacksfabrick; Kosting, Georg, Tobacksfabrick; Krüger, Friedrich et Johann, Kaufleute; Müller, Arend, Branntweinbrenner; Petersen, Johann Hermann, Weissbecker; Quentel, Reinhard Christoph, Kaufmann; Rabba, Christoph, Schlosser; Rabba, Hinrich, Glaser; Schmidt, Peter, Drechsler; Weisselberg, Joh. Friedr. Wilhelm, Höckereywaaren.

In der langen Wieren: Klüver, Johann, Schuster; Poggensiek, Melchior, Schlosser; Piel, Johann Jacob, Grenadier-Capitän.

Süsterstraße: Lange, Johann, Koch; Lankenau, Gerd, Gewürzwaaren + wollen Garn und Strümpfe.

Zusammenstellung:

3 Knochenhauer
3 Tonnenmacher
3 Schiffer
3 Torf (Handel)
1 Maurermeister
3 Schlosser
1 Stuhlmacher
1 Freischlachter
2 Küper
1 Perückenmacher
3 Branntweinbrenner
1 Wupper
1 Accise-Meister
1 Bierbrauer
1 Consumtionsschreiber
3 Tobacksfabricken
1 Berger-Waaren
3 Kaufleute
1 Weissbecker
1 Glaser
1 Drechsler
1 Höckereywaaren
1 Schuster
1 Grenadier-Capitän
1 Koch
1 Gewürzwaaren + wollen Garn und Strümpfe
43 insgesamt

Davon selbständig:

17 Handwerker
3 Schiffer
2 Küper
4 Brauereien und Brennereien
3 Fabriken
6 Läden (Geschäfte) und Handlungen
3 Kaufleute
38 insgesamt

Davon nicht selbständig:

1 Wupper
1 Offizier
2 Beamte
1 Koch
5 insgesamt

Ein Blick noch weiter zurück ist möglich durch ungedruckte Einquartierungslisten aus dem Jahre 1761, also aus der Zeit des Siebenjährigen Krieges, aufbewahrt im Staatsarchiv Bremen.
Diese Listen enthalten die Namen der Hausbesitzer und der Mieter sowie deren Berufe, die im *Schnoor* in den damals wichtigsten bzw. schon vorhandenen Straßen wie z. B.
Stavendamm, Stavenstraße
Schnoor (Straße), Wüstestätte
gewohnt haben.
Da zu jener Zeit noch keine Hausnummern eingeführt waren und die Hausgrundstücke nur der Reihe nach aufgeführt sind, läßt sich nicht ermitteln, um welche Häuser es sich jeweils handelt. Da aber die jährliche Miete bzw. der jährliche Mietwert in Rtl. angegeben ist, läßt sich aus deren recht unterschiedlichen Höhen wenigstens auf die Größe der Häuser, der Wohnungen oder auch auf die wirtschaftliche Situation der Eigentümer und der Mieter schließen.
Am Stavendamm wird ein Haus mit einer jährlichen Miete von 150 Rtl. von einem Kaufmann, zwei weitere zu je 100 Rtl. Miete von je einem Kaufmann und einer „Jungfern" bewohnt, deren Beruf mit „Brauer" angegeben ist.

In 17 Häusern der Stavenstraße wohnten u. a.
9 Fahrensmänner (Matrosen).

In 43 Häusern der Straße Schnoor wohnten u. a.
10 Knochenhauer
6 Schiffer
7 Fahrensmänner (Matrosen)
3 Branntweinbrenner.

In 8 Häusern der Wüstestätte wohnten
6 Fahrensmänner (Matrosen).

Bemerkenswert ist die Zahl der Berufe, die mit der Schiffahrt verbunden waren:

In allen drei vorgenannten Straßen wohnten insgesamt
6 Schiffer (Schiffseigner)
22 Fahrensmänner (Matrosen).

Diese Zahl läßt sich aus der Nähe der Weser und der Schlachte, dem mittelalterlichen Hafen Bremens, erklären.
Die große Zahl von zehn Knochenhauern läßt den Schluß zu, daß man sich hier sowohl auf die Weser wie zum Markt hin als dem Standort des Fleischverkaufs orientierte. Eingepökeltes Fleisch war für lange Seereisen ein wichtiger Teil des Schiffsproviantes.

Über die Größe der Familien sind keine Angaben gemacht.
Alle Eigentümer und Mieter sind als „Bürger" bezeichnet mit Ausnahme von vier im Gebiet wohnenden Soldaten. Da sie wegen ihres kargen Soldes auf Nebeneinnahmen angewiesen waren, ist einer als „Flöter", einer als „Altflicker" (Flickschneider) und einer als „Schneider" aufgeführt.
Zwei Fahrensmänner aus der Straße Schnoor werden ebenfalls nicht als Bürger, sondern als „Catoliq" bezeichnet. Katholiken erhielten das Bürgerrecht in Bremen erst wieder ab 1807.

Straßennamen im Schnoor-Viertel; ihre Herkunft und Bedeutung

Namen alter Stadtteile und ihrer Straßen sind oftmals von ganz besonderem Reiz. Weht doch auch durch sie der Atem einer lebendigen Vergangenheit, zumal, wo sie mit rührender Naivität und Ursprünglichkeit Kunde geben von fast persönlichen Ereignissen, der Besonderheit ihrer Lage oder ihrer Anwohner aus Zeiten weit vor ihrer Benennung — Historie sozusagen im kleinsten Bereich, bekundet durch Besitzwechsel oder Eigentumsübertragung. Mit der Notwendigkeit, die Objekte in ihren örtlichen Gegebenheiten unverwechselbar zu definieren, erhalten wir also zwangsläufig Kunde von Orts- und Straßenbezeichnungen. Das älteste bremische Lassungsbuch, 1438 eigens angelegt für die Beurkundung von Besitzveränderungen — wir kennen noch heute den Begriff der Auflassung —, hatte seinen Vorgänger seit 1434 im Schedebuch des Rates; beiden Dokumenten ist Interessantes zu entnehmen:

Der Schnoor wurde zwischen 1439 und 1486 bereits fünfmal genannt, Spiekerbart 1511 und 1519, Stavendamm zum erstenmal 1503; der Straßenname Lange Wieren konnte bis zum Jahre 1471 zurückverfolgt werden und die Ortsbezeichnung Hinter der Holzpforte bis auf das Jahr 1480.
Die Straßennamen, die sich bis auf den heutigen Tag erhalten haben — eine reizvolle Sammlung alter Bezeichnungen —, bieten in jeder Hinsicht interessante und aufschlußreiche Hinweise. Deutlich erfüllten sie bereits damals ihren heutigen Zweck; die ergänzenden Hausnummern wurden im *Schnoor* erst im Jahre 1809, während der Franzosenzeit, eingeführt.
In den allgemein kurzen Straßen — der Schnoor ist mit 126 m eine der längsten von ihnen — kannten sich viele Bewohner persönlich. Nachbarschaft bestand nicht nur darin, daß man nahe beieinander wohnte, sondern auch helfend jederzeit füreinander einstand;

Die Straße Hinter der Holzpforte ist benannt nach einer Pforte in der Stadtmauer. Sie schützte den Holzhafen, der sich hier befand, vor unbefugtem nächtlichem Zutritt. Nach 1700 erhob sich anstelle der Pforte ein niedriger viereckiger Turm.

Nach einem Plan von Josef Friedrich Leopold (Zustand 1719).

Nachbarschaft war also persönlich bis in die Kenntnis der Familien und ihrer Vergangenheit hinein.
Bezeichnungen mit dem nüchternen Wortteil -straße kommen im wesentlichen erst im westlichen Teil des *Schnoor* auf, der seit 1834 nach Abbruch des St.-Johannis-Klosters entstand.
Der Name Schnoor, nach dem das ganze Viertel genannt wird, ist mit Schnur gedeutet. Hiermit sollte wohl die außerordentliche Länge der Straße, langgestreckt wie eine Schnur, gekennzeichnet werden.
Eine andere Deutung besagt allerdings, daß die Häuser hier, dicht aneinander gebaut, wie Perlen auf einer Schnur, bereits einer durchaus städtischen Bebauung entsprechen.
Eine ähnliche Erklärung bietet sich für die Bezeichnung Lange Wieren an: Wiere bedeutet Draht, und die damit verbundene Vorstellung weist auf die außergewöhnliche Länge und Enge der genannten Straße hin. Lange Wieren und Schnoor weisen die gleiche Länge von 126 m auf.
Die Marterburg war nicht eine Stätte der Folterungen, vielmehr ist dieser Name aus dem Wort Mattenburg entstanden. Gemeint ist damit der Ort, an dem die Mehlabgaben, die Matten, zu entrichten waren oder gelagert wurden. Verständlicherweise mußte ein Stadtstaat von der Bedeutung Bremens darauf achten, daß seine Bürger, die im Schutze des Weserstroms und der Wallbefestigungen lebten, auch zu Notzeiten mit den notwendigsten Lebensmitteln, d.h. in erster Linie mit Korn, versorgt waren. So gab es viele Windmühlen in und um Bremen, von denen eine Anzahl auf der Höhe der künstlich aufgeschütteten Wälle stand, wo sie — wegen der Meeresnähe Bremens — dem fast ständig wehenden Wind am meisten ausgesetzt waren. Die Mattenburg war also ein wichtiger Ort der Vorsorge, nicht geringer als die anderenorts anzutreffenden Kornhäuser.
Die Straße Hinter der Holzpforte ist benannt nach eben einer solchen Pforte in der Stadtmauer vor dem Südende des Stavendamms. Die schützende Mauer verlief hier nicht senkrecht auf die Weser zu, sondern folgte in ihrer geschwungenen Form dem westlichen Ufer eines Mündungstrichters, der den Wallgraben mit der Weser verband, sich dabei hinziehend bis vor den Stavendamm. Hinter der Holzpforte bedeutet hier: von der Mauer aus gesehen zur Stadtmitte hin. Diese Öffnung in der Mauer, rundbogig überwölbt, wahrscheinlich mit einer Bohlentür, einer Holzpforte, verschließbar, ist auf dem Plan der Stadt Bremen von Matthäus Merian (1630/38) und ebenso schon auf dem Stadtplan von Franz Hogenberg (1588/89) deutlich zu erkennen.
Spätere Pläne, wie der von Georg Christoph Kilian, etwa 1730, und der von Josef Friedrich Leopold, veröffentlicht 1749, zeigen anstelle dieser Pforte bereits ein zweigeschossiges Gebäude mit Dach, einer Durchfahrt im Erdgeschoß und Fenstern im 1. Obergeschoß. Hier könnte sich die Wohnung eines Torwärters befunden haben.
Der Stavendamm ist die wichtigste Straße im Schnoor-Viertel und als Straßenbezeichnung die einzige in der Altstadt, die mit dem Wort Damm gebildet worden ist. Damm bezeichnete zumeist eine Straße, die in tiefer liegendem Gelände aufgeschüttet worden war, und der Stavendamm mag daher schon zu einer Zeit angelegt worden sein, als das von ihm durchzogene Gebiet noch tiefer lag und bei hohem Grundwasserstand infolge stehender Nässe unpassierbar war. Er wird deshalb vermutlich zu den ersten künstlich angelegten Straßen Bremens gehört haben. Hierauf läßt sich auch aus seiner topographischen Lage — etwa in der Mitte der südöstlichen Hälfte der Balgeinsel (zwischen heutigem Altenwall und der heutigen Wilhelm-Kaisen-Brücke über die Weser) — schließen. Der Stavendamm war in der Frühzeit sicherlich das Bindeglied zwischen dem Nordufer der Weser und dem Südufer der Balge, einem Nebenarm der Weser, und beide dienten als Hafen- und Ankerplatz. Der Stavendamm wird auch, seiner Breite wegen, als Markt- und Handelsplatz einer ersten Besiedlung wirtschaftliche und als Versammlungsplatz der Bewohner kommunale Bedeutung gehabt haben.

Stavendamm und Stavenstraße bezeichnen darüber hinaus die Gegend der Staven, d.h. der Stuben, womit vornehmlich die Badstuben gemeint waren; sie hatten sich im Mittelalter einer starken Beliebtheit erfreut, boten aber auch oft Anlaß zu moralischem Ärgernis, da sie von Männern und Frauen gemeinsam benutzt wurden. Entsprechende Hinweise finden wir im Archivmaterial: In den Statuten von 1303 wird zuerst die erzbischöfliche Badstube zu St. Viktor auf der Tiefer erwähnt, später sunte Mertens Stoven (1453, Lassungsbuch, S. 71 b) und de nyge Stowen, gleichfalls auf der Tiefer (1453, Lassungsbuch, S. 73 b).

Der Straßenname Hinter der Balge läßt sich aus der Lage der Straße hinter, d.h. neben der Balge ableiten, gesehen aus Richtung des Schnoor. Es handelt sich dabei um eine schmale Straße, nur für Fußgänger passierbar.

Die Balge selbst, die lediglich ein Nebenarm der Weser war, ist früher schiffbar gewesen. Darüber wird noch einiges weiter hinten in diesem Band ausgeführt. Dieser Teil der Balge konnte nur von kleineren Schiffen befahren werden, besaß aber gleichviel seine wirtschaftliche Bedeutung. Mit zunehmender Versandung diente er schließlich nur noch als Schmutzwasser-Kanal und wurde im Jahre 1837 ganz zugeschüttet. Die dadurch entstandene Grundfläche schlug man anteilig den nördlich der Straße liegenden Hausgrundstücken zu. Die Eigentümer verstanden diese hinzugekommenen kleinen Grundstücksteile gut zu nutzen und errichteten auf ihnen eingeschossige Nebengebäude, Schuppen, Waschküchen und dgl. Wenn diese Nebengebäude auch nur über die Straße hinweg zu erreichen waren, so wurde die Zweiteiligkeit der Grundstücke nicht unbedingt als störend empfunden, zumal sich das Leben in früheren Zeiten auch auf der Straße abspielte, was für die Straße Hinter der Balge noch bis in unsere Zeit hinein zutrifft.

Daß mit dem weiteren Anwachsen der Stadt und den damit gebotenen angenehmeren Wohnverhältnissen das Leben in diesem alten Wohn- und Lebensbereich — vor allem während der letzten beiden Jahrhunderte

Der Brunnen auf dem Stavendamm erinnert an die Badstuben, die sich im Mittelalter hier befanden.

— sich aus dem Kleinbürgerlichen nicht fortentwickelte, mag verständlich erscheinen. Der den Bremern wohlbekannte Heimatdichter Wilhelm Scharrelmann hat dieses Leben in seinem Roman „Die Leute aus der Pickbalge" liebevoll eingefangen.

Die Bezeichnung Wüstestätte kann erst 1659 entstanden sein, als am 23. September das St.-Jacobi-Witwenhaus und sieben Nachbarhäuser abgebrannt waren und hernach die Stätte lange wüst und unbebaut gelegen hatte. An dieser Stelle befindet sich heute der Speicher mit der Figur des Apostels Jacobus major. Der Wiederaufbau des St.-Jacobi-Witwenhauses erfolgte dann nicht wieder am alten Platz, sondern auf

Spiekerbartstraße 1. Die schmale Straße, die von der Haustür ab nach rechts in zweimaligem Knick zur Straße Schnoor führt, vermittelt einen Begriff davon, wie eng und verwinkelt das ganze Viertel bebaut ist.

dem Grundstück Klosterstraße Nr. 16. Auch die gleichzeitig abgebrannten sieben Häuser wurden nicht sofort nach dem Brande wieder aufgebaut. Ihre Wiedererrichtung erfolgte so viel später, daß sich für die umfangreiche Brandstätte, aufgeräumt oder auch nicht, der Name Wüstestätte einbürgerte und dann als Straßenname weiterhin erhalten blieb.

Süsterstraße – ein alter Straßenname im *Schnoor* – leitet sich her von Susten, womit eine zunftgebundene Herberge für Kornfuhrleute bezeichnet wurde.

Die Spiekerbartstraße, eine schmale Fußgängerverbindung von der Marterburg zum Schnoor, wird der Bezeichnung Straße wegen ihrer geringen Breite eigentlich nicht gerecht; trotzdem besitzt sie den amtlichen Charakter einer Straße. Spiekerbart = Spikerboer sollen Bohrer für Spiker, große Nägel, gewesen sein. Mutmaßlich haben hier in früheren Zeiten Handwerker gewohnt, die Nagelbohrer herstellten oder sie bei ihrer Arbeit vorzugsweise benutzten.

Klosterkirchenstraße und Klosterortsstraße, an der St.-Johannis-Kirche gelegen, halten die Erinnerung an das 1834 abgebrochene Kloster wach, das sich an die Südseite der Kirche anlehnte.

Hohe Straße, nach dem Abbruch des Klosters vor über 150 Jahren um über 3 m aufgeschüttet, weist auf ihre neue, hohe Lage hin.

Kleine Straße dürfte sich auf die geringe Länge dieser Straße beziehen; sie führt heute den Namen Franziskanerstraße, ebenfalls zur Erinnerung an das vordem hier gelegene Kloster dieses Ordens. Eine Straßenumbenennung war erforderlich, weil es den Straßennamen „Kleine Straße“ in Bremen mehrfach gab.

Seit eh und je haben Straßennamen ihre eigenen Schicksale; da diese Namen nie ganz einer gewissen zeitgebundenen Anfälligkeit zu entziehen sind, nimmt es nicht Wunder, daß auch im *Schnoor* dann und wann Umbenennungen vorgenommen wurden, die eine gewisse Vorsicht in der Rückführung der jetzt und so genannten Straßen in den Bereich ihrer eigenen Geschichte angeraten erscheinen lassen. Doch sind auch unter diesem Gesichtspunkt interessante Hinweise und Erklärungen für eine Reihe von Straßen und ihrer Namen im *Schnoor* noch feststellbar. Sie sollten hier nicht fehlen:

Die heutige Kolpingstraße hieß ursprünglich Gartenstraße, die Blumenstraße wurde zur Süsterstraße. Mit beiden Namen sollte an die früher hier gelegenen Gärten der Domherren erinnert werden. Die Kolpingstraße erhielt ihren jetzigen Namen laut Senatsbeschluß am 26. September 1950 zum Gedächtnis an den Gesellenvater Adolf Kolping, den Gründer der Katholischen Gesellenvereine, insbesondere wohl auch, weil an ihr das Katholische Gesellenhaus gelegen ist. Ob die Bezeichnung Königstraße, bekannt schon aus der Zeit vor 1795, auf einen Bewohner der Straße oder, wie in Bremen bisweilen üblich, auf den Bauunternehmer, der die Straße angelegt und bebaut hat, hinweist, läßt sich mit Sicherheit nicht mehr feststellen. Kaum aber ist bei der seit je geübten patriarchalisch-parlamentarischen Denkweise der Bremer anzunehmen, daß hier die Erinnerung ganz allgemein dem Monarchentum gelten sollte, selbst wenn aus einem Schreiben des Klg. Hannoverschen Intendanten J. C. Danckwerth in Bremen vom 16. August 1756 an die Kgl. Kammer in Hannover hervorgeht, daß zu jener Zeit die Süsterstraße auch den Namen Königstraße führte; in diesem Schreiben heißt es nämlich: die Süster- oder Königstraße.

Vor der Jahrhundertwende hieß nur der nördliche, zwischen Postamt 1 (Dechanatstraße) und Garten- bzw. heute Kolpingstraße gelegene Teil Königstraße. Die gleiche Straße aber nannte sich seinerzeit zwischen Gartenstraße und Stavendamm Süsterstraße. Diese verwirrende Bezeichnung wurde auf Antrag des Grobbäckers Christian Hartke und anderer durch Senatsbeschluß vom 11. März 1904 so geändert, daß der ganze Straßenzug von Dechanatstraße bis Stavendamm die Bezeichnung Königstraße erhielt.

Die Bezeichnung Süsterstraße sollte jedoch für den *Schnoor* erhalten bleiben und wurde der damaligen Blumenstraße durch Senatsbeschluß vom 10. März 1925 gegeben. Die Bezeichnung „Blumenstraße"

Nach dem Abbruch des Hannoverschen Kornspeichers wurde hier ein Wohn- und Geschäftshaus errichtet, dessen Längsfront an der Kolpingstraße durch einen Erkervorbau gegliedert ist. Im Hintergrund die Propsteikirche St. Johann.

mußte hier nunmehr aufgegeben werden, weil es in der Ostertor-Vorstadt bereits eine Straße dieses Namens gab und noch gibt.
Der Name Königstraße wurde auf Anordnung der Militärregierung im Dezember 1945 als undemokratisch verworfen. Für die damals so benannte Straße wurde die heutige Bezeichnung Am Landherrnamt gewählt.
Hiermit soll die Erinnerung an ein Amt wachgehalten werden, das in dem Eckgebäude an der Dechanatstraße seinen Sitz hatte und das am 1. Dezember 1945 ebenfalls aufhörte zu bestehen. Der Landherr, in der Bedeutung einem Landrat vergleichbar, betreute das Landgebiet im Stadtstaat Bremen als dessen oberster Verwaltungsbeamter. Da aber seit dieser Zeit verwaltungsmäßig nicht mehr zwischen Stadt- und Landgebiet unterschieden wird, entfielen auch die diesem Amt zugrunde liegenden Aufgaben.

Der Schnoor und seine Wasserversorgung

Die Versorgung der Bremer Bürger mit Wasser erfolgte in früheren Zeiten zu einem erheblichen Teil durch ein berühmt gewordenes Wasserrad an der Westseite der Weserbrücke, das bereits im Jahre 1394 erbaut worden ist. Es hatte den für damalige Begriffe ungewöhnlichen Umfang von 160 Fuß, das entspricht einem heutigen Maß von über 46 Metern und einem Durchmesser von 14,8 m. Es galt seiner Größe wegen als bremische Sehenswürdigkeit. Die „Ansicht der Stadt Bremen“ von Franz Hogenberg (1574) läßt dieses Wunderwerk links der Weserbrücke am Altstadtufer genau erkennen (siehe Abb. S. 41). Für seine sorgfältige Pflege und Unterhaltung waren zwei Schaffer und vier Berater verantwortlich. Bei mittlerer Stromgeschwindigkeit der Weser drehte es sich 51mal in der Stunde, wobei es durch seine Schöpfgefäße, die Kummen, bestehend aus dickem, steifem Leder, bei jeder Umdrehung 8 bis 10 Tonnen Wasser förderte. Das kostbare Naß wurde zunächst in einem großen bleiernen, später kupfernen Kessel aufgefangen und dann durch hölzerne Röhren 212 Häusern der Stadt zugeleitet. Solche Rohrleitungen aus gebohrten Baumstämmen sind gelegentlich bei Ausschachtungsarbeiten gefunden worden. Ihre einzelnen Stöße (Anschlußstellen) umwickelte man mit Tierfellen, doch auch Zinn war schon als Dichtungsmaterial bekannt. Man kann sich vorstellen, mit welchem Wasserschwund dabei gerechnet werden mußte. Damit hatte Bremen bereits im Mittelalter eine erste öffentliche Wasserversorgung.
Die äußere, reichgestaltete Erscheinung des Schöpfrades ist dargestellt in einer Zeichnung des Feuerwerkers Daniel Heinbach aus dem Jahre 1757. Fast 430 Jahre lang hatte dieses Wasserrad seine Aufgabe erfüllt, bis es im Jahre 1822 abgebrochen wurde. Die Beschaffenheit des so geförderten Wassers ließ sicher zu wünschen übrig, auch wenn seinerzeit keine Industrie-Abwässer in die Weser gelangten; immerhin aber flossen Abwässer aller Art von den in Flußnähe gelegenen Straßen und Grundstücken direkt oder auf dem Umweg über die Balge in die Weser.
Bei dem inzwischen schon beträchtlich angewachsenen Bedarf konnte und wollte man auf die Wasserversorgung durch Quellbrunnen nicht verzichten. Sie standen auf Straßen und Plätzen, förderten aus der Tiefe des Sandbodens ein wesentlich besseres Wasser

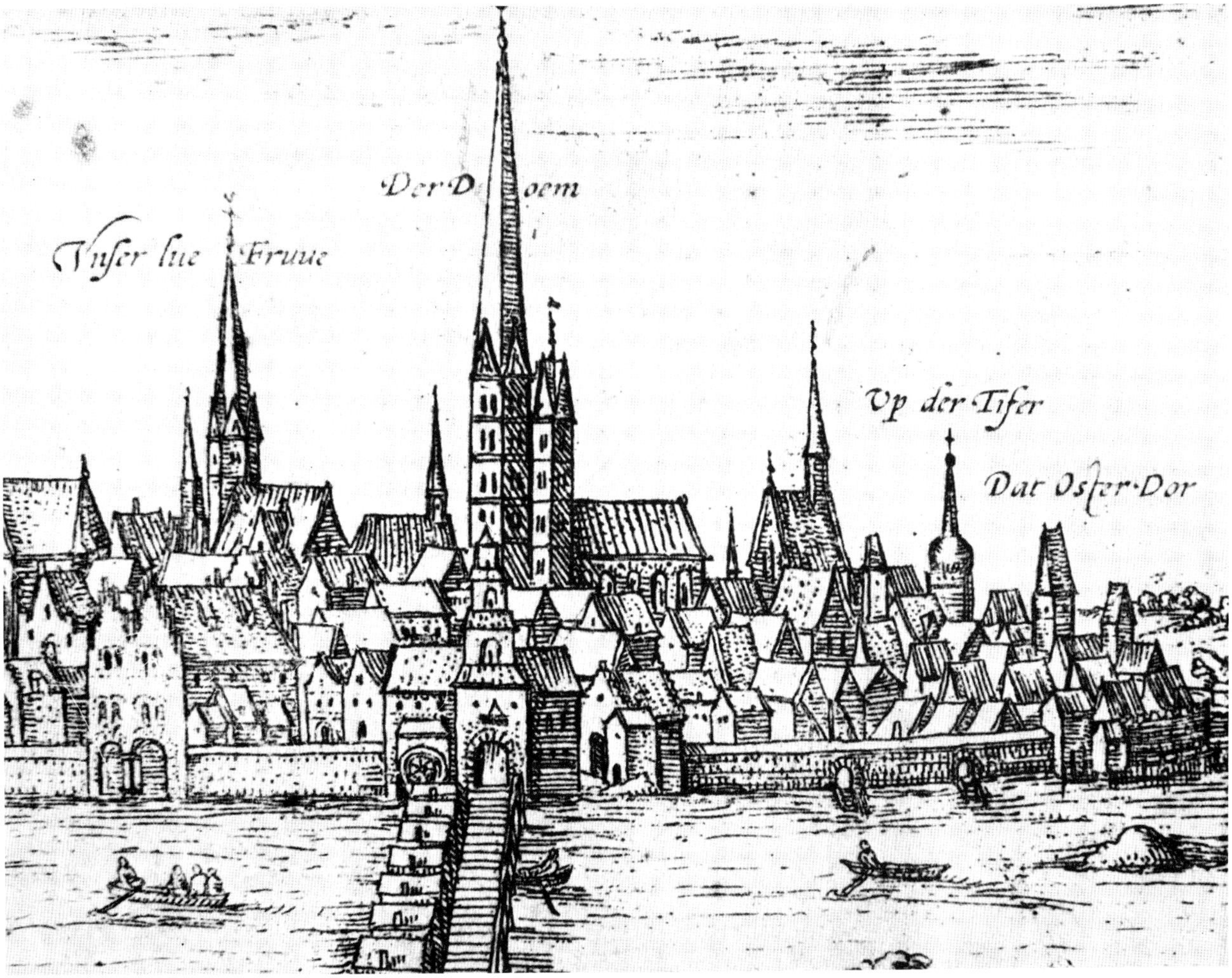

Franz Hogenberg: Ansicht der Stadt Bremen von 1574 (Ausschnitt).

Die enge und verwinkelte Bebauung des Schnoor-Viertels, unterhalb und rechts von der St.-Johannis-Kirche, kommt klar zum Ausdruck, ebenso das große Wasserrad, das der Wasserversorgung diente.

und wurden als öffentliche Versorgungseinrichtungen sorgfältig unterhalten. Im Schnoor-Viertel befanden sich allein fünf derartige öffentliche Brunnen, und zwar je einer vor der Holzpforte und Hinter der Balge, in der Marterburg, auf dem Stavendamm und vor den Lange Wieren. Letzterer führte den Namen St.-Johannis-Brunnen.
Von drei der genannten Brunnen sind die Rechnungsbücher erhalten, die durch ihre genauen Eintragungen zeitgeschichtlich interessante Aufschlüsse geben. So ist zu erfahren, daß für diese Brunnen eigens Brunnenherren verantwortlich waren. Sie bestimmten für jeden Pumpen-Brunnen eine Anzahl von Sottherren, die für ihre Unterhaltung Sorge zu tragen hatten und die hierfür erforderlichen Mittel bei den Bewohnern der Umgebung durch Einsammeln des Wassergeldes beschaffen mußten. Die Brunnen mußten ständig benutzbar sein, bei Tag und Nacht, im Sommer und im Winter, und die Durchführung aller darauf abzielenen Maßnahmen oblag den Sottherren. Die Wasserversorgung von Mensch und Tier in Friedens- und Kriegszeiten oder bei Bränden wurde sehr ernst genommen, und alljährlich mußten die Sottherren über jegliche Instandhaltungsarbeiten und deren Unkosten sowie über die Einnahmen und Ausgaben Rechenschaft ablegen. Die Brunnenherren prüften ihre Angaben sehr genau.
Der Inhalt der Rechnungsbücher für diese drei Brunnen ist im wesentlichen gleichartig; manche Angaben wiederholen sich im Laufe der Jahre wie im Ablauf der Jahreszeiten. So sollen hier einige der interessantesten Angaben aus dem Rechnungsbuch für den Brunnen auf dem Stavendamm angeführt werden. Die Aufzeichnungen beginnen im August 1729 und enden im Januar 1811.
Auf der ersten Seite des Buches ist vermerkt:
„Rechenungsbuch vom Sott auff den Stavendamm, Anno 1729."
Die zweite Seite zeigt folgende Eintragung:
„Anno 1729, den 16. July, sind wir unten Benamte

von einen Wolledlen und Hochweisen Rahte und darzu verordnete Brunnherren als Herr Doct. Hinricus Schmit, Herr Herman Backer, Herr Casper Schumbart, Herr Doct. Gerh. Hinricus Schumacher bey dem Brunnen auff den Stavendam zu Sottherrn ernennet, umb Sorge zu tragen, daß er in guten, brauchbahren Stande möge unterhalten werden als Herman Meyer, Dierich Görken, Reinhard Schriever, Mathias Bödeker, Joh. Died. Schmitt, Nicol. Ch. Jacobs, Joh. Schriver.
Aug. 5: haben wir eine Sahmblung gethan, welches aber zu den Reparationskosten wenig tragen kan, deswegen mehr muss gesamblet werden."

Die von den Sottherren sogleich nach ihrer Ernennung durchgeführte erste Sammlung war also — wie wir erfuhren — wenig erfolgreich; immerhin aber zeigen die Eintragungen, daß das Wasser nicht kostenlos abgegeben wurde. Diese hier Sammlung genannten Erhebungen erfolgten nach dem Buch drei- bis viermal jährlich. Am 16. Juni 1745 erhielt Gerd Gevers für Einsammeln des Geldes 48 Gr.

Die Einnahmen waren im allgemeinen höher als die Ausgaben. Die Höhe der genannten Summen schwankte zwischen 6 und 40 Rtl. Die Gelder wurden für Reparaturen, aber auch für manche anderen Zwecke verwendet. So wurde des öfteren, besonders im Sommer, für das Straßenfegen vor dem Sott ein Rechnungsposten angeführt, z.B. 1739, als man „an den Soldatten zahlt in vier Mahl vor die Strassen zu reinigen bey Stafferdambrunnen 3 Rthlr.". Soldaten waren darauf angewiesen, sich einen Nebenverdienst zu ihrem geringen Sold zu verschaffen.

Die Reinlichkeit um den Brunnen herum war ebenso wichtig wie das Pumpen in winterlichen Frostnächten, damit der Brunnen nicht einfror. Es wurde von den Nachtwächtern mitbesorgt. Im Februar 1747 ist daher unter Ausgaben folgender Vermerk zu finden: „An denen Nachtwechtern des Nachts zu pumpen 12 Gr." Ebenso werden Ausgaben für Stroh zur winterlichen Ummantlung erwähnt, die dem gleichen Zweck diente, nämlich der Verhinderung des Einfrierens. Seltener werden Ausgaben für die Reparatur der Brunnensäule aufgeführt, wie „an Steinmetzen für Grauwerk" (Sandstein). 1769 — am 17. „Juny" — erhält der Schmied „vor den Schwengel der abgebrochen, neu wieder zusammengemacht 60 Gr.". Diese Reparatur kommt seit dem Beginn des Rechnungsbuches im Jahre 1729, somit nach vierzig Jahren, zum ersten und einzigen Male bis zum Abschluß im Jahre 1811 vor. Das spricht für eine sorgsame Behandlung durch die Benutzer ebenso wie für die Güte und Dauerhaftigkeit der Schmiedearbeit.

Wichtig war die nächtliche Beleuchtung des Brunnens, besonders im Falle plötzlich auftretender Brände. Die Instandhaltung der dazu nötigen Lampen, die an Haken aufgehängt waren, wurde daher, ebenso wie alles andere, sorgfältig betrieben. Ob nun das Zerbrechen der Scheiben durch Unachtsamkeit oder Steinwürfe erfolgte, ist den Aufzeichnungen nicht zu entnehmen. Immerhin kommen öfter Eintragungen wie die nachstehende vor: „1793 Glaser Lampe für 3 Ruten mit Bley 66 Gr." Die jährlichen Prüfungsvermerke enden dann mit den Worten: „wird [von der Administration] für die Bemühungen gedankt". Kleine Überschüsse wurden gelegentlich dem Rechnungsführer für die „gehabte Bemühung" zugesprochen.

Der genaue Standort dieses Brunnens ist nicht beschrieben worden; es kann sich dabei aber nur um dieselbe Stelle handeln, an der heute ein gußeiserner Brunnen am Nordende des Stavendamms steht.

Der Bedarf an Wasser wurde auch aus Brunnen auf privaten Grundstücken gedeckt. Sie befanden sich innerhalb der Häuser im Keller- oder Erdgeschoß oder auf den zugehörigen Höfen. Besondere Sorgfalt wurde dabei denen zuteil, die, im Keller liegend, der Gefahr von Überschwemmungen ausgesetzt waren, denn sie wären durch Schmutzwassereinbruch auf lange Zeit hin unbrauchbar geworden. Seit dem Bau einer zentralen Wasserversorgung wurden viele Brunnen nicht mehr benutzt und deshalb entfernt; auch der Umbau von Kellergeschossen trug zu ihrem Verschwinden bei.

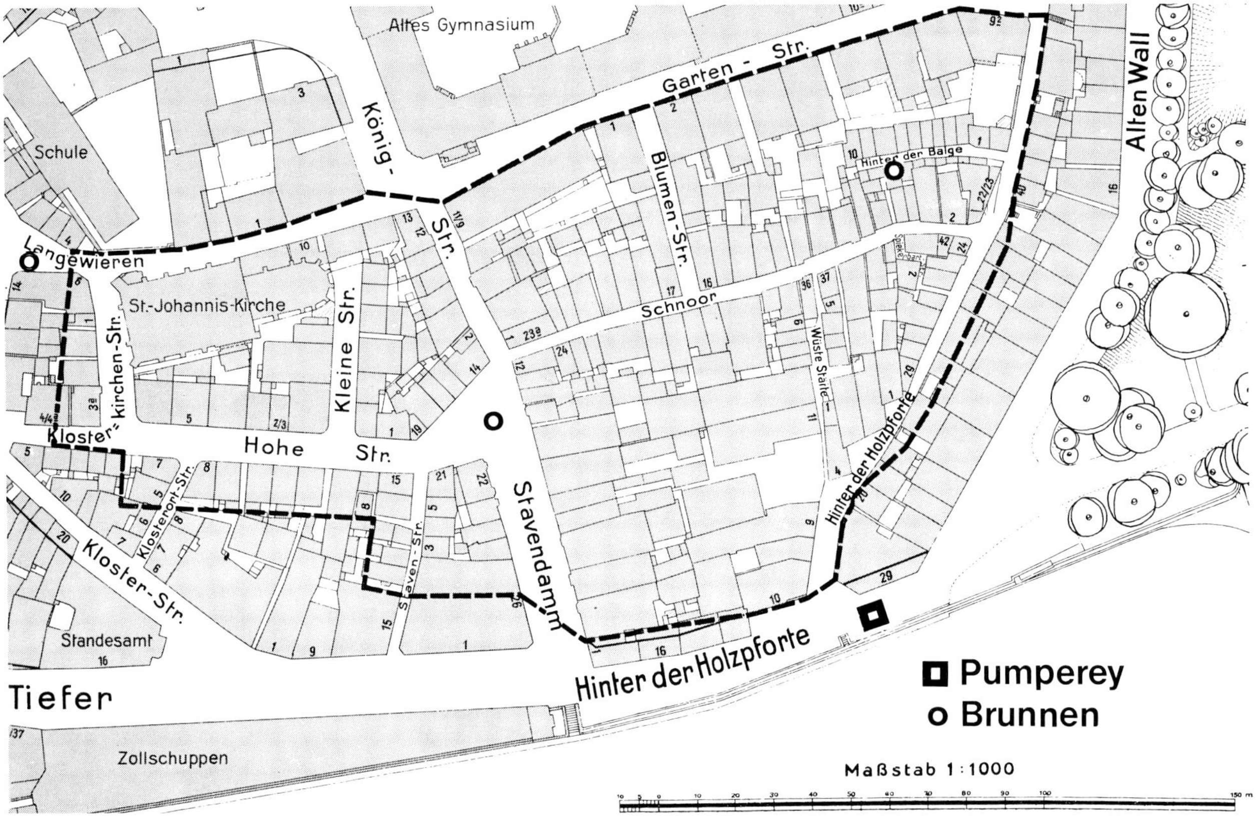

Stadtplan aus dem Jahre 1935, die gestrichelte Linie begrenzt das Schnoorgebiet.

Einige mehr oder weniger gut erhaltene Brunnen jedoch wurden bei der Instandsetzung der Häuser, in denen man sie vorfand, sorgfältig wiederhergestellt. So befindet sich heute noch ein Brunnen im Erdgeschoß des Hauses Schnoor Nr. 2. Sein runder Grundriß, mit Platten abgedeckt, zeichnete sich bei der Erneuerung des Fußbodenbelages ab. Seine Wandung wurde aus Backstein wieder aufgemauert. Auf dem Hofe des Hauses Schnoor Nr. 9 befndet sich ein Brunnen in der Nähe der Hoftür, der seinen Standort unverändert beibehalten hat. Seine bis Hüfthöhe reichende Wandung besteht aus vier Sandsteinschalen von 11 cm Stärke, die von dem Brunnen eines inzwischen abgebrochenen Bauernhofes im neuen Hafengebiet auf dem linken Weserufer stammen. Des weiteren ist auf den Brunnen des Grundstücks Schnoor Nr. 15 hinzuweisen, der sich vor der Instandsetzung im Keller an der Rückfront des Hauses befand. Da er dort aus Platzgründen weichen mußte, wurde er auf dem Hof in alter Form wiedererrichtet. Ein weiteres Beispiel ist der Brunnen im Keller des Hauses Hinter der Holzpforte Nr. 4 (Concordenhaus). Drei von diesen Brunnen dienen heute als Zierbrunnen.
Bei Hausverkäufen wurden die Brunnen als ein kostbarer Bestandteil ausdrücklich erwähnt und ebenso ausdrücklich mitverkauft — oder aber ihre weitere Benutzung blieb vorbehalten und gesichert. Es gab aber auch Fälle, in denen zwei Nachbarn einen Brunnen gemeinsam nutzten, so daß beim Verkauf auch gelegentlich ein halber Brunnen erwähnt wurde. An man-

chen Brunnen waren noch mehr, teilweise bis zu fünf Nachbarn nutzungsberechtigt. Diese Brunnen waren so gelegen, daß sie über einen gemeinschaftlichen Gang zu erreichen waren, so daß Haus und Hof der Nachbarn nicht unbedingt betreten zu werden brauchten.

Es war bereits die Rede von Brunnenlampen. Auch umzäunendes Gitter- und Stangenwerk gehörte zum nötigen Zubehör. Soweit es sich um Pumpen-Brunnen handelte, dürfte kein weiteres Instrumentarium vonnöten gewesen sein. Anders verhält es sich bei den sogenannten Schöpfbrunnen, aus denen, wie die Bezeichnung bereits ausdrückt, das Wasser mit Kübeln und Eimern durch Winden, Ketten oder Seile ans Tageslicht befördert werden mußte. Dieses zusätzliche Gerät wurde bei keinem der erwähnten Brunnen mehr vorgefunden.

Schon die wenigen Beispiele der Bewertung und Nutzung privater Brunnen oder solcher mit gemeinsamer Bewirtschaftung zeigen kulturhistorisch interessante Aspekte über die Wasserversorgung wie über die Lebensgewohnheiten in diesem alten Stadtteil Bremens. Aus den öffentlichen und privaten Brunnen wurde das Wasser nur für die reinen Lebensbedürfnisse entnommen. Da jedoch für gewerbliche Zwecke, für Brauereien, Gerber und Färber, für Tonnenmacher zum Einweichen des Holzes und viele andere Unternehmungen große Wassermengen benötigt wurden, welche die öffentlichen und die privaten Brunnen nicht liefern konnten, richtete man die sogenannten „Pumpereyen" ein, aus denen Wasser in beliebigen Mengen geschöpft werden konnte. Das große Wasserrad an der Weserbrücke konnte für diese Zwecke nicht beansprucht werden, da es bei Frost oder Eisgang nicht oder kaum arbeiten durfte, wollte man es nicht der Gefahr erheblicher Beschädigung aussetzen.

Eine solche Pumperey, die auch im Winter betrieben werden konnte, befand sich im *Schnoor*, und zwar an der Holzpforte. Sie führte den Namen „Die große Pumperey auf der Holzpforte" oder auch „Die große Weser Wasser Pumpe".

Von dieser Pumperey blieben zwei umfangreiche Rechnungsbücher erhalten, begonnen am 24. Juni 1713 und beendet 1796. Sie wurde von einer „Societät" betrieben und unterhalten.

Bereits im Jahre 1857 wurde für Bremen die Schaffung einer zentralen Wasserversorgung angeregt; es verging jedoch noch eine lange Reihe von Jahren, ehe diese — in der Zeit von 1871 bis 1873 — gebaut und in Betrieb genommen werden konnte. Nachdem die Häuser an die neue Wasserversorgung angeschlossen worden waren, nahm die Zahl der privaten Brunnen verständlicherweise mehr und mehr ab. Die Zahl der öffentlichen Brunnen wurde nach genauer Untersuchung um mehr als die Hälfte verringert. Die Benutzung der stillgelegten Brunnen wurde untersagt.

Erst 1892, nach der Cholera-Epidemie in Hamburg, die Bremen glücklicherweise völlig verschonte, wurde den Quellbrunnen wegen ihrer guten Wasserqualität wieder mehr Beachtung geschenkt; die geschlossenen Brunnen wurden erneut für brauchbar erklärt. Es wurden sogar neue, öffentliche Quellbrunnen angelegt. Im Jahre 1900 konnte man in der Stadt Bremen immerhin wieder 174 Grundwasserbrunnen zählen.

Ebenso wie die Wasserversorgung in ständig zunehmendem Maße an allgemeiner Bedeutung gewann und somit zu einem öffentlichen Anliegen wurde, nahm auch das Interesse an einer öffentlich geregelten und gewährleisteten Beleuchtung zu, insbesondere natürlich der Straßen und Plätze. Die pünktliche und möglichst gleichzeitige Bedienung der Öl-, Petroleum- oder Tranlampen, soweit sich diese an Brunnen, Plätzen und Straßen befanden, war umständlich, zeitraubend und damit kostspielig. So nimmt es nicht wunder, daß mit der Nutzbarmachung des Leuchtgases die fortschrittliche Beleuchtungsart auch in Bremen Einzug hielt. Die erste Gasbeleuchtung wurde hier bereits im Jahre 1817 eingerichtet. Eine Verwendung für Haushaltszwecke setzte sich nur allmählich durch. Zur Befriedigung größeren Bedarfs wurde im Jahre 1854 eine städtische Gasanstalt nördlich des jetzigen Hauptbahnhofs errichtet.

Schnoor 9
Auf das Vorhandensein der Kellerfenster lassen nur noch die Fugen ihrer Stürze schließen.

Straßenpflaster und Entwässerung

Straßenpflaster war in Bremen früher selten und nicht üblich. Der Zustand der Straßen ließ daher alles zu wünschen übrig: sie waren nach Regengüssen ebenso schlecht passierbar wie bei Trockenheit wegen des Staubes. Viel Schmutz verursachten auch die Haustiere, besonders, wenn sie tagsüber nur die Gassen zum Auslauf hatten oder wenn sie zur Weide getrieben wurden. Die Bezeichnungen Sögestraße, Herdentor und Bürgerweide erinnern noch heute an die Tierhaltung der Bremer Bürger. Da es weder eine öffentliche Straßenreinigung gab noch des Nachts eine öffentliche Beleuchtung, war die Benutzung der Straßen zur Tages- wie zur Nachtzeit ein Unternehmen besonderer Art.

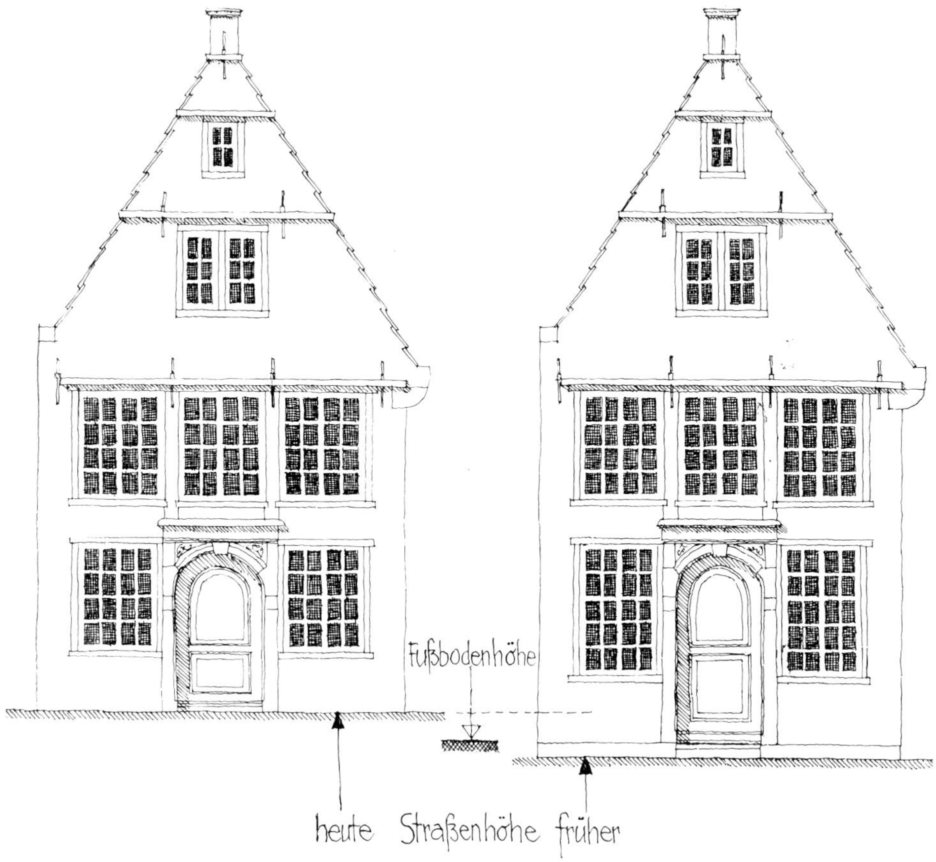

Schnoor 39
Schlanke Giebelhäuser sind, wie in diesem Falle, durch das Anheben der Straßen in ihrer Maßstäblichkeit beeinträchtigt worden.

Bedeutendere Straßen wurden im frühen Mittelalter schließlich mit hölzernen Bohlen belegt. Stein als Straßenbaumaterial war in Bremen selten und daher kostbar.
Mit Feldsteinen, fast dem einzigen Natursteinvorkommen des Bremer Gebietes, ließen sich Straßen schlecht pflastern. Interessant ist dabei die Herkunft des Materials:
Erzbischof Gerhard II. ließ, um den Handel Bremens und insbesondere die Flußschiffahrt weserabwärts zu stören, die nördlich von Bremen bei Rekum gelegene Witteborg errichten. Diese mußte jedoch 1221 den Bremern übergeben werden, die sie kurzerhand wieder abbrachen. Das so gewonnene Steinmaterial wurde per Schiff weseraufwärts transportiert und zu einer festen Decke der Langenstraße verarbeitet.

Im *Schnoor* dagegen sah es mit dem Straßenbau über viele Jahrhunderte hindurch trostlos aus. Dasselbe galt für die Kanalisation. Die Entwässerung lag am Ende des Mittelalters in Bremen wie in vielen anderen deutschen Städten sehr im argen. Viele Streitigkeiten zwischen den Nachbarn hatten hier ihren Ursprung. Die Ableitung des Regenwassers war dagegen eine Angelegenheit, die sehr ernst genommen und rechtlich genau geregelt wurde. Bei der Spitzwinkligkeit und Höhe damaliger Dachkonstruktionen und dem dadurch bedingten besonders intensiven Regenwasserabfluß war eine klare und eindeutige Regelung des Abwasserproblems zwischen den eng stehenden Häusern schon aus bautechnischen Gründen zwingend. Viele persönliche Rechte blieben dabei vorbehalten, insbesondere, wenn Regenwasser über ein Nachbargrundstück abgeleitet werden sollte. Das Recht auf Tropfenfall oder die Anlage von Traufengängen wurde stets betont.
Zur Ableitung der Abwässer gab es in Bremen bis 1834 nur offene Rinnsteine, und zwar entweder in der Mitte oder zu beiden Seiten der Straße. Diese Rinnen führten direkt in die Weser oder in offene Gräben, die dann ihrerseits mit der Weser in Verbindung standen. Ab 1834 wurden gleichzeitig mit den straßenbaulichen Arbeiten durch den Staat auch die Abwässerverhältnisse verbessert und Gräben wie Rinnen allmählich durch unterirdische Kanäle ersetzt. Kleinere Abflüsse baute man aus beiderseits offenen Sandsteintrögen mit halbkreisförmigem Querschnitt; sie wurden mit Platten abgedeckt. Größere Kanäle wurden, wie bei der Kanalisierung der Balge, kunstvoll aus Sandsteinplatten zusammengesetzt.
Im *Schnoor* legte man außer der bereits vollzogenen Kanalisierung der Balge erste Kanäle im Jahre 1870 an. Sie hatten nur einen geringen Durchmesser, da sie lediglich zur Ableitung des Regenwassers dienten. Durch die Höhenlage dieser Kanäle wurde das Straßenniveau leider sehr stark angehoben. Dazu kam im Jahre 1911 die Pfasterung der *Schnoor*-Straßen. Durch diese Maßnahmen liegen die Gehsteige bisweilen bis zu 50 cm über dem Fußboden der Hausflure. Dieser Höhenunterschied wurde durch Stufen, die in die Häuser hinunterführen, ausgeglichen. Schlimmer ist jedoch, daß sowohl die Höhen- wie auch die Breitenverhältnisse der Straßenfronten durch diese Maßnahmen oft einschneidend verändert wurden. Die Häuser — bei Giebelhäusern stärker noch als bei Traufenhäusern — sehen jetzt „versackt“ aus. Es müßten eher Stufen zu einer Haustür hinaufführen als von der Haustür ins Innere hinab. Auch ist manches schöne Ornament — etwa an den Brüstungsspiegeln der Rokoko-Ausluchten — um seine Wirkung gebracht worden.
Die Rekonstruktionszeichnungen (Seiten 46, 47) zeigen, wie manche Vorderfront besser zur Geltung kam, als die Straßen noch tiefer lagen. Eine Korrektur der Straßenhöhe kann heute jedoch nicht mehr vorgenommen werden.

Plastiken im Schnoor

Ein so altes Stadtviertel hat natürlich auch so manche Plastik aufzuweisen. Als das Kloster noch bestand und auch in der ersten darauf folgenden Zeit werden es weit mehr Bildwerke gewesen sein, die das Viertel zierten, heute gibt es nur noch zwei alte Bildwerke und drei neue Plastiken im *Schnoor*: an der St.-Johannis-Kirche eine Reliefplatte von 1417, in der Wüstestätte ein Standbild des „Jacobus major", am Knick der Spiekerbartstraße den „Ottjen-Alldag-Brunnen", dazu eine Plastik am Stavendamm und eine Bronzeplastik, die die Erinnerung an das Bremer Original Heini Holtenbeen wachhält.

Die Reliefplatte gehört zu den wenigen erhaltenen Gedenksteinen Bremens. Sie zeigt eine Kreuzigungsgruppe im Halbrelief auf versenktem Grund, wobei der Gekreuzigte über Maria und Johannes angeordnet ist. Zwischen die beiden Begleiter ist ein Wappen mit einer Lilie gesetzt. Die Platte ist aus Sandstein gearbeitet, mißt 0,70 x 1,60 m und ist neben dem Hauptportal der St.-Johannis-Kirche in die Wand eingelassen. Dort bildet sie den einzigen Schmuck an der mit Ausnahme des reich gezierten Westgiebels schmucklosen Kirche.

Über Herkunft und Bedeutung des Reliefs ist nichts Genaues bekannt.

Die Entstehung des Reliefs ist gegen 1400 anzusetzen. Danach könnte es sich um einen Gedenkstein für den Bremer Bürgermeister Wiggers oder Wiechers handeln. Dieser hat von 1346—1414 gelebt und ist auf einer Wallfahrt ins Heilige Land gestorben. Den Stein hat seine Frau Beta gestiftet. Wegen des Lilienwappens wurde früher angenommen, es handle sich um den Gedenkstein für Louis François Bourbon Condé, Herzog d'Antin, Pair und Marschall von Frankreich, der 1757 während des Siebenjährigen Krieges, als französische Truppen in Bremen standen, hier verstorben

Kreuzigungsgruppe an der Westfront der St.-Johannis-Kirche.

Die Figur steht auf einem kleinen Sockel, der die Inschrift trägt: S. JACOBUS MAJOR.

und in der St.-Johannis-Kirche beigesetzt worden war. Unbekannt ist auch der Meister des „Jacobus major"-Standbildes am Packhaus Wüstestätte Nr. 10. Die etwas unterlebensgroße Holzplastik, die etwa um 1660 geschaffen wurde, also zu der Zeit, als nach einem Brand die „wüste Stätte" ihre heutige Bezeichnung erhielt und zögernd mit einer Neubebauung des Platzes begonnen wurde, stand immer an diesem Platz. Möglicherweise ist das heutige Standbild sogar ein Ersatz für ein bei der Brandkatastrophe zerstörtes Bildwerk. Die Plastik steht heute in einer im Halbrund geschlossenen Nische des aus dem frühen 19. Jahrhundert stammenden Packhauses Wüstestätte Nr. 10, und zwar in Höhe des ersten Bodens. Die renaissanceartige Steinfassung stammt von 1906. Im Jahre 1944 in den Gewölben des Domes sichergestellt, kehrte die Figur im Dezember 1951 wieder an ihren alten Platz zurück. Im Sommer 1965 wurde sie restauriert, wobei sich die Farbgebung auf vorgefundene Farbspuren stützen konnte.

Es handelt sich also um den Apostel Jacobus den Älteren, den Sohn des Zebedäus und den Bruder von Johannes, den Lieblingsjünger Christi. Er war einer der ersten Apostel, die von Christus berufen wurden, und gehörte mit Petrus und Johannes zu den Zeugen der bedeutendsten Ereignisse im Leben Christi. So war er einer der drei Apostel, die Christus zum Ölberg begleitet hatten. Jacobus starb im Jahre 44 unter Herodes Agrippa, der ihn enthaupten ließ, weil ihn sein christlicher Glaubenseifer erboste.

Die Legende erzählt, daß sein Körper von seinen Freunden auf ein Schiff gebracht wurde und dieses Schiff ohne Steuermann an die Küste Spaniens trieb. Nach dieser, seit dem 7. Jahrhundert nachweisbaren Legende soll Jacobus dort zu Lebzeiten als Missionar gewirkt haben, weshalb auch sein Körper durch eine wundersame Fügung an diese Stelle seines Wirkens zurückgekehrt sei.

Über seinem Grab wurde von etwa 1075—1128 eine der großartigsten Pilgerkirchen errichtet, denn der hl. Jacobus war bald nicht nur der Nationalheilige Spaniens, sondern als Schutzpatron aller Pilger, später allgemein der Reisenden, Kaufleute und Seefahrer, weshalb er in Küstenstädten besonders verehrt wurde, einer der volkstümlichsten Heiligen überhaupt, zu dessen Grab alljährlich zehntausende Pilger wallfahrteten. Der Ort Compostella, der dann nach dem Heiligen Santiago (= St. Jago, Jacob) di Compostella hieß, entwickelte sich so neben Jerusalem und Rom zum wichtigsten Wallfahrtsort der Christenheit, und meh-

rere feste Pilgerstraßen, Jacobusstraßen oder -wege, die die Länder Europas miteinander verbanden, führten dorthin, neben dem sehr beliebten und auch weniger beschwerlichen Seeweg. Entlang den Jacobusstraßen unterhielten dem hl. Jacobus geweihte Bruderschaften Herbergen. In Bremen gibt es seit über 300 Jahren eine solche Bruderschaft, die sich auch heute noch alljährlich zum Gedenken des Heiligen trifft. Sie war auch zugegen, als das Standbild nach dem Kriege wieder aufgestellt wurde. Die Volkstümlichkeit des Heiligen, aber auch die Tatsache, daß Bremen eine Hafenstadt ist, von der im Mittelalter Pilgerschiffe nach Spanien aufbrachen, mögen die Gründe dafür gewesen sein, daß ein im Jahre 1375 von Margarethe Ployes, der Witwe des Bürgers Diedrich Ployes, gestiftetes Haus für vier arme Witwen dem hl. Jacobus gewidmet wurde.
Dieses Haus muß an derselben Stelle gestanden haben, an der sich heute das Packhaus mit dem Standbild befindet. Das Patronat über das Jacobi-Witwenhaus hatte Margarethe Ployes dem Rat der Stadt übertragen. Darüber berichtet eine Urkunde vom 12. Juli 1375 (Urkundenbuch III, 478). Im Jahre 1445 bestätigt der Rat die Stiftung bei gleichzeitigem Erlaß einer neuen Ordnung. Fast 300 Jahre lang hatte dieses Witwenhaus dort gestanden, bis es der Brandkatastrophe im Jahre 1659 zum Opfer fiel. Im Murtfeldtschen Stadtplan von 1796 ist das Jacobi-Witwenhaus erneut ausgewiesen. Möglicherweise läßt sich daraus folgern, daß das etwa 130 Jahre zuvor geschaffene Standbild dieses Haus am gleichen Platz geziert hat. Das letzte Jacobi-Witwenhaus wurde dann 1831 an einem ganz anderen Platz, nämlich an der Hoppenbank Nr. 3, erbaut. Die Plastik dagegen blieb über alle Zeiten hinweg bis heute an ihrem ursprünglichen Standort.
Die Gestalt des Heiligen wirkt zwerghaft verwachsen, der Kopf ist im Verhältnis zum Körper sehr groß, die Arme sind extrem lang, die Hände groß. Das Gesicht ist sehr prägnant gearbeitet: Durch tiefe Bohrung der Pupillen haben die Augen einen stechenden Blick, die Nase ist gerade, scharf geschnitten, der Mund kräftig herausgearbeitet. Das Gesicht wird gerahmt von dem stark lockigen Bart und dem großen, mit drei Muscheln besetzten Hut. Bekleidet ist die Figur mit einem kurzen, durch Querschnallen geschlossenen Gewand, um die Hüfte ist locker eine Schärpe geschlungen, dazu kommt ein großer, bis zum Boden reichender Mantel. Er ist vorn durch eine Brosche zusammengehalten, während auf seiner linken Schulter wieder eine Muschel befestigt ist. Diese Muschel ist das Attribut des Heiligen. Seine Füße stecken in Gamaschenstiefeln. In der rechten Hand hält der Heilige den Pilgerstab, in der linken die Bibel.
Es ist hier eine derbe Gestalt, ein Mann aus dem Volk — aus dem *Schnoor* vielleicht — überliefert worden. Sicher ist die große Beliebtheit der Figur in Bremen darauf zurückzuführen, daß die Bürger in dem Dargestellten einen Mann aus ihrer Mitte und keine idealisierte Gestalt sahen. Diese Volkstümlichkeit des „Jacobus major" bezeugt nicht zuletzt der bekannte bremische Kinder-Abzählvers:

Edelmann, Bedelmann, Doktor, Pastor,
Kaiser, König, Juxmajor.

Aus „Jacobus major" hatte der Kindermund „Juxmajor" gemacht und ihn so vor dem Vergessen bewahrt.

Jetzt ist das Standbild mit einem Gitter gegen die Verunreinigung durch Tauben geschützt, und ein Foto ohne Gitter ist nicht mehr möglich.

Georg-Droste-Gedenkstätte im Schnoor, Ecke Spiekerbartstraße

Der in Bremen und Umgebung bekannte Dichter Georg Droste (1866—1935) erblindete, noch nicht zwanzig Jahre alt, und mußte den Beruf als Kaufmann aufgeben. Mit Korbflechten ernährte er seine Familie. Bei der Arbeit erzählte er den Kindern Geschichten aus seiner frühen Jugend in Bremen. Seine älteste Tochter machte ihm den Vorschlag, sie wolle diese Erzählungen niederschreiben, um zu versuchen, durch den Erlös der Geschichtensammlung die schmalen Einkünfte der Familie zu verbessern. Droste diktierte ihr seine Geschichten, die das eigene Leben schildern. Drei Ottjen-Alldag-Bände wurden schnell zum festen Bestand des bremischen Schrifttums; sie erklären als die bedeutendsten Werke Drostes sein dichterisches Ansehen.

Die Schaffung einer Gedenkstätte für Georg Droste war schon bald nach seinem Tode erwogen worden. Professor Ernst Gorsemann, Bremen, hatte ein Denkmal fertiggestellt, das jedoch ein Opfer des Zweiten Weltkrieges wurde, ehe es aufgestellt werden konnte.

Aber auch die Plattdeutschen in Bremen hatten schon lange erwogen, für den bremischen Dichter eine Gedenkstätte zu schaffen. Nachdem die erforderlichen Mittel vorhanden waren, die im wesentlichen durch Sammlungen und Spenden aufgebracht worden sind, konnte die Verwirklichung dieser Absicht ins Auge gefaßt werden.

Als Standort des Denkmals war zunächst an die Gegend zwischen Osterdeich und Sielwall gedacht worden, in der Drostes Hauptfigur „Ottjen Alldag“ sein Wesen getrieben hatte. Dieser Plan mußte jedoch verworfen werden, weil er mit der Durchführung einer für dieses Gebiet beschlossenen Straßenführung unvereinbar schien. So wurde nach einigen Überlegungen beschlossen, die Gedenkstätte im *Schnoor* zu errichten. Hier bot sich ein städtisches Grundstück für den gedachten Zweck an, so daß auch die notwendige Pflege unter städtischer Obhut gesichert war. Fraglos war damit außerdem eine Bereicherung des *Schnoor* verbunden. Als Motiv für diese Platzwahl konnte auch angeführt werden, daß „Ottjen Alldag“, wenn er auch nicht im *Schnoor* aufgewachsen war, doch täglich seinen Schulweg durch das Gebiet des *Schnoor* genommen hatte.

Die seitliche und die rückwärtige Wand des Eckgrundstückes Schnoor Nr. 40 wurden nun dazu ausersehen, die Gedenkstätte aufzunehmen. Ihre plastische Gestaltung wurde von dem Bildhauer Klaus Homfeld, einem Schüler von Professor Schreiter an der Kunstschule Bremen, geschaffen. Sie nimmt sowohl auf den kleinen Eckplatz als auch auf die Atmosphäre des *Schnoor* Rücksicht und ist raumplastisch auf die östliche Giebelwand des Hauses Nr. 39 komponiert. Nach den Worten des Künstlers hat in der Plastik der Gedanke Ausdruck gefunden, daß ein jeder Mensch in die Fäden seines Schicksals verstrickt sei, so wie es dem Dichter selbst geschah, der in „Ottjen Alldag“ symbolisch seine Darstellung fand. Das Spiel von Licht und Schatten verstärkt die künstlerische Wirkung. Ein Brunnen von einem Bauernhof, der dem Bau neuer Hafenanlagen auf der linken Weserseite weichen mußte, eine niedrige Abschlußmauer gegen die Straße und eine Grünfläche vervollständigen das Bild, das durch einen dort angebrachten Gedenkvers von Heinrich Schmidt-Barrien, dem in der Nähe Bremens ansässigen Dichter, abgerundet wird.

Die gegenwartsnahe Gestaltung der Anlage steht keinesfalls im Gegensatz zu dem Milieu des *Schnoor*, sondern auch hier wird aufs neue die Tatsache bestätigt, daß gutes Altes und gutes Neues durchaus eine vollendete Harmonie miteinander zu bilden imstande sind.

Es war selbstverständlich, daß der Künstler auch nach einem Material suchte, das seinen Gedanken und Vorstellungen am besten entsprechen konnte. So erwies sich für die plastischen Teile, die Figur Ottjen Alldags und die Katze, der Guß in Bronze als am geeignetsten, die zahlreichen Linien und das Filigran des aufstrebenden Gerüstes dagegen wurden aus runden und viereckigen Kupferrohren geschaffen.
Der Aufbau des Brunnens ergänzte die künstlerische Absicht. In den alten Bauernhofbrunnen wurde zu diesem Zweck eine aus Kupfer getriebene Schale als Wasserbecken eingehängt. Ein ständiges Plätschern unterstützt die gelungene Optik dieses idyllischen Fleckchens.
Die Denkmalsenthüllung wurde von der Tochter Georg Drostes, Frau Sigl, und seiner Enkelin, Frau Petra Richter, vollzogen. So erfuhr echt bremischer Sinn für familiäre Tradition in sinnfälliger Weise einen bleibenden Ausdruck: Das Werk und die Person Georg Drostes sind in Bremen nicht vergessen.
Dem Denkmal gegenüber weist der in großen Buchstaben angebrachte Spruch

US PLATT BEWOHR US
DITT OLE SNOORHUUS

auf das Institut für niederdeutsche Sprache hin.

Zwischen den Häusern Schnoor Nr. 7 und 5 befindet sich der Zugang zu einem Nebengebäude auf dem Hof, in dem Heini Holtenbeen, ein bekanntes Bremer Original, gewohnt hat.

Georg-Droste-Gedenkstätte, Ecke Schnoor/Spiekerbartstraße. Bildhauer Klaus Homfeld, Bremen.

Stavendamm

Zu den ältesten Straßen des *Schnoor* gehört der Stavendamm. Da das Gelände an der Weser in früheren Zeiten viel tiefer lag als heute, sumpfig war und von Ebbe und Flut, aber auch von manchem Hochwasser in Mitleidenschaft gezogen wurde, mußte vor Anlage der Straße ein Damm aufgeschüttet werden. Seine Breite wurde in vorausschauender Weise so bemessen, daß er auch als Markt und Versammlungsplatz des ältesten Bremen dienen konnte, daß eine beiderseitige Randbebauung an ihm möglich war und daß die oft schweren und starkbespannten Fuhrwerke der Kaufmannszüge bequem bewegt werden konnten. Für die Kürze der Straße gab es noch die weitere Ursache, daß sie die Verbindung von der Weser zur Balge darstellte, einem im Mittelalter schiffbaren Nebenarm der Weser von 4 bis 5 m Breite, der im Winter auch als Liegehafen diente. Große Schiffe auf der Weser zu ent- oder beladen und auf die kleineren Schiffe auf der Balge umzuladen, war am billigsten.

Auf dem Stavendamm hat sich mit Sicherheit ein lebhaftes Treiben abgespielt, denn er war neben der Schlachte ein weiterer Schwerpunkt des Hafenbetriebes. Schiffer und Fahrensleute aus vielen Gebieten und Ländern bevölkerten ihn ebenso wie die Fuhrleute. Kaufleute hatten hier ihre Kontore, Zubehörbetriebe, Handlungen aller Art, Gaststätten und auch Stallungen waren hier zu finden, und hier konnten manche Bedürfnisse befriedigt werden.

Zu einer Hafenstadt gehörten auch in früheren Zeiten immer Stätten der Erholung, der Entspannung und des Vergnügens. Und da hier Seeleute und Fuhrleute aller Gegenden, auch von weither, lange unterwegs gewesen, manchmal vielleicht auch lange Zeit auf Ladung warten mußten, ergab sich fast von selbst, daß geschäftstüchtige Leute die sog. „Badstuben" einrichteten und betrieben. Wenn auch in jenen Zeiten die Begriffe „Hygiene" und „Körperpflege" kaum bekannt waren, geschweige denn in heute üblicher Art geübt wurden, so war es doch für einen Seemann nach oft langer Reise wohl ein Bedürfnis, Haupt- und Barthaar scheren zu lassen und ein Bad zu nehmen.

„Staven" sind zunächst überhaupt beheizbare Räume: Das englische Wort „stove" bedeutet „Ofen". Beheizbare Räume, also unsere „Stube", früher in jedem Haus nur einmal vorhanden, nun als „Badstuben" zu nutzen, war kein weiter Schritt mehr, und so erhielt die Straße ihren heute noch beibehaltenen Namen, denn an ihr oder in ihrer unmittelbaren Nähe lagen diese „Badstuben", in denen die Besatzungen von Fluß- und Seeschiffen baden konnten. Der Verkauf

Heini Holtenbeen

Geboren in Bremen 1835, gestorben ebenda 1909. Er war der Sohn eines eingewanderten Schuhmachers aus Böhmen. Sein richtiger Name lautete Jürgen Heinrich Keberle.
Seinen Spitznamen erhielt er, nachdem er als Lehrling eines Tabakküpers aus einer Ladeluke eines Packhauses gefallen war und, dadurch gehbehindert, ein Bein nachzog. Er war ein Bremer Original und durch seine Redensarten bekannt, die heute noch umgehen. Seine Wohnung befand sich lange Jahre im Hofgebäude des Hauses Schnoor Nr. 6.
Eine Bronzefigur in Lebensgröße, geschaffen von dem Bremer Bildhauer Klaus Homfeld, finanziert von dem Schnoor-Verein Heini Holtenbeen e.V., aufgestellt am 15. Mai 1990, erinnert an Heini Holtenbeen. Der Künstler hat es verstanden, dem kauzigen Original in der Plastik gerecht zu werden. Hierzu trägt auch bei, daß die Figur ohne Sockel auf dem Pflaster steht.
Die Anziehungskraft des *Schnoor* zu steigern, ist auch ein Anliegen dieses Kunstwerkes.

von Getränken lag nahe, schon durch die Wärme in den Räumen bedingt, und zu der Abgabe von kleineren oder größeren Gerichten war es nicht mehr weit. Beheizt werden mußten nicht nur die Stuben durch die Öfen, sondern erwärmt werden mußte auch das Badewasser. Als Brennmaterial diente meist Holz oder Torf. Die Bäder, überwiegend Sitzbäder, wurden in hölzernen Wannen genommen, wobei man auch Speise und Trank zu sich nehmen konnte. Bei kühler werdendem Wasser mußte heißes Wasser nachgegossen werden, oder das Bad war beendet.

Die Packhäuser Wüstestätte Nr. 11 und 10

Die beiden letzten großen Speicherbauten Alt-Bremens sind im 19. Jahrhundert, also zu einer Zeit errichtet worden, als der Umfang des Handels und seine Warenmengen so groß geworden waren, daß sie die früher übliche Lagerung auf den Böden des Kaufmannswohnhauses nicht mehr zuließen. Da außerdem die Grundstücke der Kaufleute in der Altstadt allgemein nicht groß waren, mußten die notwendig gewordenen zusätzlichen Speicherbauten vielfach entfernt von den eigentlichen Wohnhäusern errichtet werden. Ihr Standort mußte jedoch so gewählt werden, daß sie mit Fuhrwerken erreichbar blieben. Eine größere Reihe solcher Speicher befand sich bis zu ihrer Zerstörung im Zweiten Weltkrieg noch im Stephani-Viertel. Hier wie im *Schnoor* handelte es sich um reine Lagerhäuser, die keine Hausmeister-Wohnungen aufwiesen. Auch sind erst in späteren Zeiten in diesen Bauwerken nachträglich Kontorräume geschaffen worden, um die Abwicklung des Geschäftsverkehrs zu erleichtern.

Die Bauweise dieser großen Bauten war im wesentlichen gleichartig und läßt sich bei beiden Speichern an der Wüstestätte noch in der ursprünglichen Form im vollen Umfange erkennen. Angesichts der teilweise sehr schweren Lasten, die die Böden zu tragen hatten, waren große Dimensionen bei den Konstruktionsteilen erforderlich.

Die Keller sind mit Kreuzgewölben zwischen Gurtbögen überspannt, die von starken Sandsteinsäulen ausgehen. Diese Säulen, aus einem Stück hergestellt, haben einen Querschnitt von 60 x 60 cm, die Gewölbekappen, aus Klosterformatsteinen, sind 13 cm stark. Die Keller- und Erdgeschoßfußböden bestehen aus Rotsandsteinplatten, in Sand gebettet. Alle übrigen Geschoßdecken bestehen aus einer Balkenlage (hier polnische Kiefer) mit einem Balkenquerschnitt von je 27/27 cm. Der Abstand der Balken ist gering und beträgt von Mitte zu Mitte nur 60 cm. Die Balken ruhen auf einem Längsbalken von gleicher Stärke, der, entsprechend der Säulenanordnung im Keller, in jedem Geschoß von einer Doppelstütze von 27 x 27 cm x 2 getragen wird. Ein Sattelholz von 1,50 m Länge über jeder Stütze erhöht in Längsrichtung die Tragfähigkeit des Unterzuges.

Die äußeren Wandstärken betragen 40 bis 45 cm. Eine Winde zum Be- und Entladen ist vorhanden, früher von Hand, seit Anfang dieses Jahrhunderts elektrisch betrieben.

Die großartige Konstruktion ergibt einen ebenso großartigen Eindruck der Innenräume und gleichzeitig das Gefühl der Sicherheit und Tragfähigkeit. Dieser Eindruck wird noch unterstrichen durch die freiliegenden Balkendecken.

Die vielfach schmalen Grundstücke, auf denen derartige Speicher errichtet wurden, führten folgerichtig zu einer stärkeren baulichen Höhenentwicklung. So weisen die beiden Speicher an der Wüstestätte außer dem aus dem Erdreich hervorragenden Kellergeschoß vier Vollgeschosse und ein Dachgeschoß auf. Ihre Traufenhöhe beträgt 13,0 m, ihre Firsthöhe 18,0 m.

Die Erhaltung dieser beiden letzten alten Speicher hat sich trotz aller Widerstände ermöglichen lassen; sie sind ein fester Bestandteil des Schnoor-Viertels und bestimmen dessen Eindruck mit. Ihre imposante Größe kommt besonders in dem engen Straßenraum der Wüstestätte zum Ausdruck.

Da der Speicher Nr. 11 nicht mehr in alter Art genutzt wird, wurde er zu einem kulturellen Mehrzweckbau umgeplant, wobei großer Wert darauf gelegt worden ist, den alten Eindruck eines Packhauses im Äußeren und Inneren nach Möglichkeit zu erhalten.

Das Theater im Schnoor.

Neue Treppe mit Eingangsvorbauten, die den Kartenverkauf und die Garderobe enthalten.

Für diese Planung wurde zunächst ein genaues örtliches Aufmaß erforderlich, da keine Baupläne mehr vorhanden waren.
Die weitere Planung und Durchführung des Bauvorhabens wurden dem Architekten Gerhard Müller-Menckens, Bremen, übertragen, der die Vorarbeiten unter Beteiligung des Verfassers dieses Bandes zu baureifen Ausführungsplänen weiterentwickelte.
Die Struktur des vorhandenen Baus konnte bei der Lösung der Grundrisse weitgehend beibehalten werden. Ebenso wurde großer Wert darauf gelegt, auch die Erscheinung des Äußeren weitgehend zu bewahren.
Dazu trägt die Sprossenteilung der neuen Fenster bei, in besonderem Maße aber auch die Gestaltung der erdgeschossigen Vorbauten, die, aus dem Grundriß entwickelt, den Maßstab des großen Baukörpers ebenso steigert wie sie in ihrer Eigenart die vorhandene spitzgieblige Bebauung des Gebietes sinngemäß aufnimmt.

Das Theater im Schnoor.

Die Stadtmauer und ihre Türme im Bereich des Schnoor-Viertels

Unmittelbar an der Süd- und Ostseite des *Schnoor* führte einst die Stadtmauer entlang. Der älteste, sicher nachweisbare Mauerteil, ab 1200 errichtet, begann am Altenwall — etwa dort, wo die heutigen Straßenzüge Altenwall und Tiefer zusammentreffen, und erreichte nach dem Lauf um die Stadt am Fangturm wieder die Weser. Mit der 1307 erfolgten Ummauerung der Steffensstadt erweiterte sich der schützende Mauerring bis zum Stephanitorszwinger und damit ebenfalls wieder bis an die Weser. Die Mauer verlief etwa in der Mitte der jetzigen schmalen Bebauung zwischen der Straße Am Wall und den jeweiligen Wallstraßen, wie z. B. der Ostertorswallstraße oder der Herdentorswallstraße.

Der einzige sichtbare Rest der Mauer befindet sich in nächster Nähe des *Schnoor*. Es handelt sich dabei um das Untergeschoß eines Rundturmes im Keller des Hauses Marterburg Nr. 49/50, entdeckt bei der Enttrümmerung des Grundstückes im Jahre 1952. Die Rundung dieses Turmes ist bei dem Wiederaufbau des Hauses einbezogen worden in die Wand eines anschließenden Zimmers, in welchem ein dort befindliches Wandbild eine Rekonstruktion der Stadtansicht zeigt, und zwar von außen, d. h. von der Ostseite her. Bei diesem Turm, der kein Torturm, sondern lediglich ein aus der Mauer halbrund nach außen vorspringender Wehrturm war, muß es sich um den von Kohl 1870 erwähnten aber bereits im 15. Jahrhundert im Ratsdenkelbuch genannten „thorn jeghen den Snor" handeln. Der Name „Snor" ist somit auch hier schon seit dem 15. Jahrhundert zu belegen. Die Mauertürme hatten einen Abstand voneinander, der zwei Pfeilschuß- oder Speerwurfweiten entsprach, so daß auch ein bis unmittelbar an die Mauer gelangter Feind immer noch bekämpft werden konnte. Obwohl es angesichts der Länge der Stadtmauer ursprünglich eine große Zahl solcher Türme gegeben haben muß, wurden keine weiteren Fundamente von ihnen ausfindig gemacht.

Allerdings ist urkundlich nachgewiesen, daß sich noch drei weitere Türme dieser Art im Bereich des *Schnoor* befanden; der Reihe nach von Süden beginnend: „de thorn by der Holtporten", „de thorn dar baven" (d. h. wohl der Turm oberhalb davon) und „des Heerden [Hirten?] thorn".

Es befanden sich demnach in der Stadtmauer östlich neben dem *Schnoor* vier Wehrtürme. Diese Annahme findet sich auch bestätigt durch die Untersuchungen über den Stadtgrundriß Bremens im Wechsel der Jahrhunderte.

Überraschend klar tritt die Darstellung dieser Wehrtürme in dem Stadtplan von Matthäus Merian hervor. Wenn auch nicht angenommen werden kann, daß die Stiche Merians topographisch getreu sind, so entsprechen die vier Türme in ihrer Darstellung und Lage fast genau der katastermäßigen Situation. Weitere Türme, die in Funktion und Form so klar zu erkennen sind, zeigt Merians Gesamtdarstellung der Stadt Bremen nicht. Die plastische Darstellung des Stadtbildes, von Süden nach Norden ausgerichtet, läßt schon aus perspektivischen Gründen keine weiteren derartigen Türme erkennen, zumal die Stadtmauer in ihrem späteren Rundverlauf ohnehin nicht mehr zu sehen ist.

Der „thorn jeghen den Snor" wurde später als Wohnung für kleine Beamte und als Gefängnis benutzt und führte im 18. Jahrhundert den Namen „Edelhof".

Da die mittelalterliche Justiz keine Freiheitsstrafen kannte, waren Gefängnisse selten und dienten fast nur zur Verwahrung von Verbrechern bis zu ihrer Aburteilung oder Hinrichtung. Mit Zunehmen der Freiheitsstrafen wurde eine immer größere Zahl von Gefängnissen erforderlich, so daß man schließlich auch auf die Befestigungstürme zurückgriff, die, ohnehin durch den technischen Fortschritt des Wehrwesens ihrer eigentlichen Aufgabe entkleidet, nun zu Zwecken herangezogen wurden, die ihrer überaus soliden, ja wuchtigen Bauweise entsprachen. Ein Entkommen aus diesen Türmen war äußerst schwierig. So hatte denn die Stadt etwa vierzig Gefängnisse dieser Art, wie aus dem Jahre 1781 berichtet wird; der „Edelhof" wird in diesem Zusammenhang noch 1811 namentlich erwähnt.

Ein anderer Rest der Stadtmauer wurde beim Abbruch der Ruine des im Kriege zerstörten Hauses Altenwall Nr. 19/20 gefunden. Die Stadtmauer besaß an dieser Stelle eine Stärke von 90 cm und war zwischen den Rückfronten des Vorderhauses Altenwall und eines Schuppens an der Marterburg, der später als Garage benutzt wurde, eingeschlossen. Offensichtlich wagte man beim Bau des Wohnhauses am Altenwall aber nicht, diesen Stadtmauerrest in das Fundament der Rückfront mit einzubeziehen, so wie es anderenorts häufiger getan wurde. Die Standfestigkeit schien doch wohl nicht mehr ausreichend zu sein, so daß die Rückfront des großen Hauses neben der Mauer fundiert wurde, ohne daß man sich die Mühe machte, die Reste wegzuräumen.

Beim Abbruch der Gebäudereste im Sommer 1966 wurden auch die hier zutage getretenen Mauerreste beseitigt, zumal die Steine — im Klosterformat — stark durchfeuchtet und der Mörtel in den Fugen gänzlich bröcklig und locker waren. Eine Erhaltung dieses Teiles der Mauer war nicht mehr lohnend. Er hätte sich als sichtbar bleibendes Teilstück auch nicht in den Grundriß des Neubaues einpassen lassen.

Eine kulturhistorische Ergänzung über die mit einer solchen Stadt- und Wehrmauer zusammenhängenden Bereiche mag hier angebracht erscheinen, zumal hierbei wieder ein kennzeichnender Einblick in mittelalterlich-bremisches Leben wie die Rechte und Pflichten der Bürger gelingt.

Die Verantwortung für die Mauer und ihre einwandfreie Unterhaltung trugen die „Mauerherren", die eine eigene Behörde bildeten. Zwei Mitglieder des Rates standen ihr vor. Die Mauer galt als Symbol städtischer Selbständigkeit, und von ihrem Zustand hingen oftmals Wohl und Wehe ab. Die zum Ausbau und zur Erhaltung erforderlichen, nicht selten erheblichen Mittel wurden aus vielerlei Quellen beschafft. Hierzu zog man, wie im Ratsdenkelbuch zu lesen ist, neben testamentarischen Vermächtnissen allerlei Abgaben wie z. B. den Kalkzoll oder eine Wein-Accise heran. Auch der Ertrag aus dem Handel mit Mühlsteinen war ein Monopol der Stadtmauer.

In gewissen Abständen fand eine feierliche Mauerschau statt, an die sich meist ein üppiges Festmahl anschloß. Der berechtigte Stolz der Bürger auf ihre Stadtmauer zeigte sich auch hierin, denn die Bremer betrachteten den schützenden Mauerring als eine besondere Zierde der Stadt.

Zwei dieser Mauerherren sind durch eine Wappentafel an der zur Süsterstraße hin gelegenen Front des Hauses Schnoor Nr. 16 bezeugt. Diese Tafel wurde bei der Wiederherstellung des Hauses im Jahre 1968 hier eingebaut, nachdem man sie aus den Trümmern des letzten Krieges geborgen hatte. Die beiden Mauerherren waren Johann Heerde, Ratsherr 1609, Mauerherr 1611, Bürgermeister 1615, verstorben im Jahre 1635, und Johann Schlichting, 1600 Ratsherr, ebenfalls 1611 Mauerherr und 1615 Bürgermeister; er starb 1638. Die Tafel gehört zu den historischen Zeugnissen, die im Schnoor-Viertel ihre Stätte fanden.

Mit der Erfindung des Schießpulvers setzte eine stürmische Entwicklung der Kriegstechnik ein, die in wachsendem Maße und im Verein mit neuen politischen Konstellationen auch das Gesicht der Verteidigungsanlagen veränderte. Stadtmauern und -türme verloren ihren Wert; Wälle, Gräben und Bastionen fielen bereits im 18. Jahrhundert der Entfestigung zum Opfer. Der alten Stadtmauer schenkte man kaum mehr Beachtung; sie verfiel im Laufe der Zeit, ihr Material — soweit brauchbar — wurde für den Haus- und Straßenbau herangezogen.

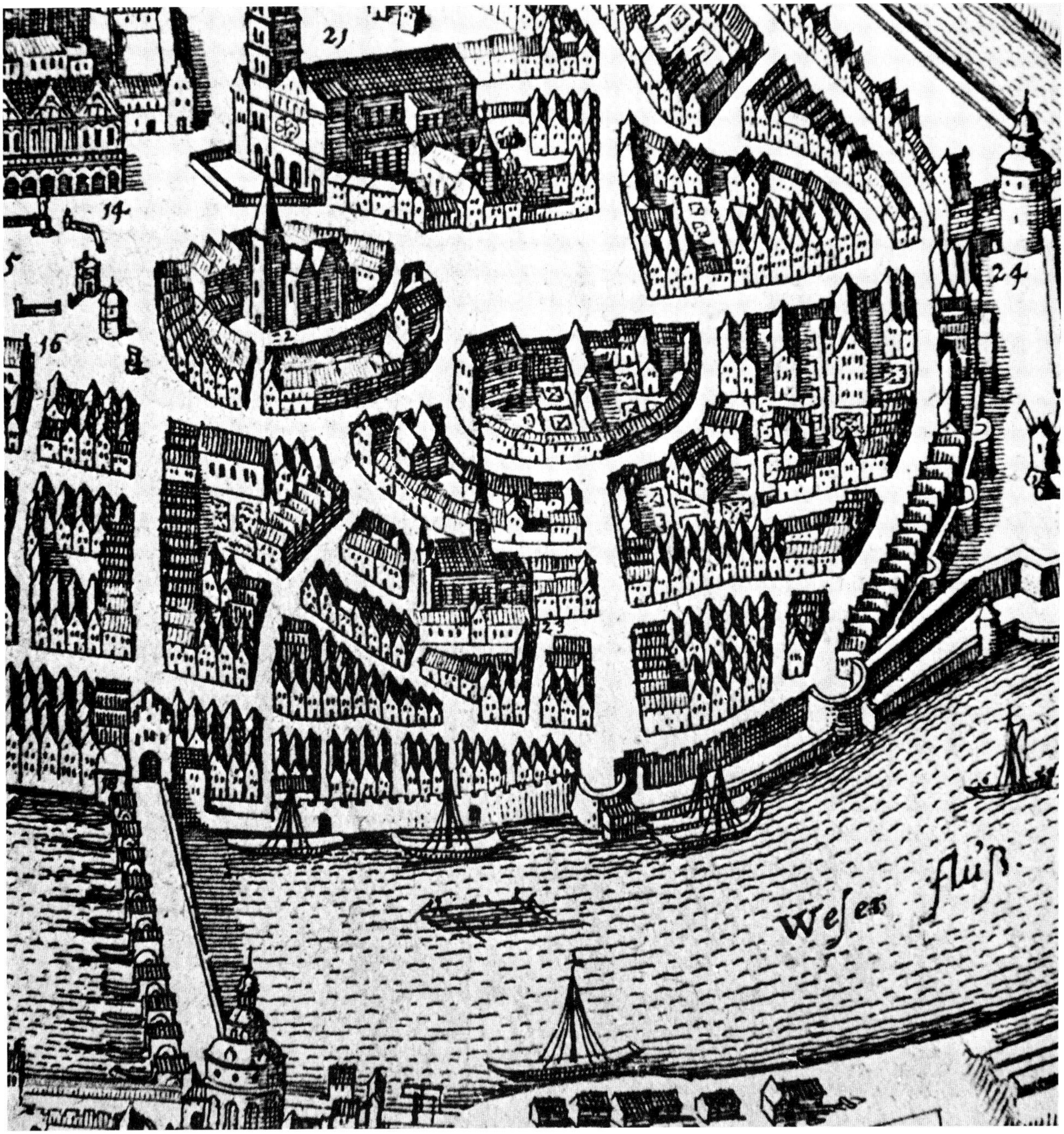

Matthäus Merian: Plan der Stadt Bremen von 1630—1638. An der Ostseite der Altstadt sind vier Schalentürme zu erkennen. Der Turm bei der Holzpforte hat einen größeren Durchmesser. Bei dem nördlichsten der drei folgenden handelt es sich um den „thorn jeghen den Snor".

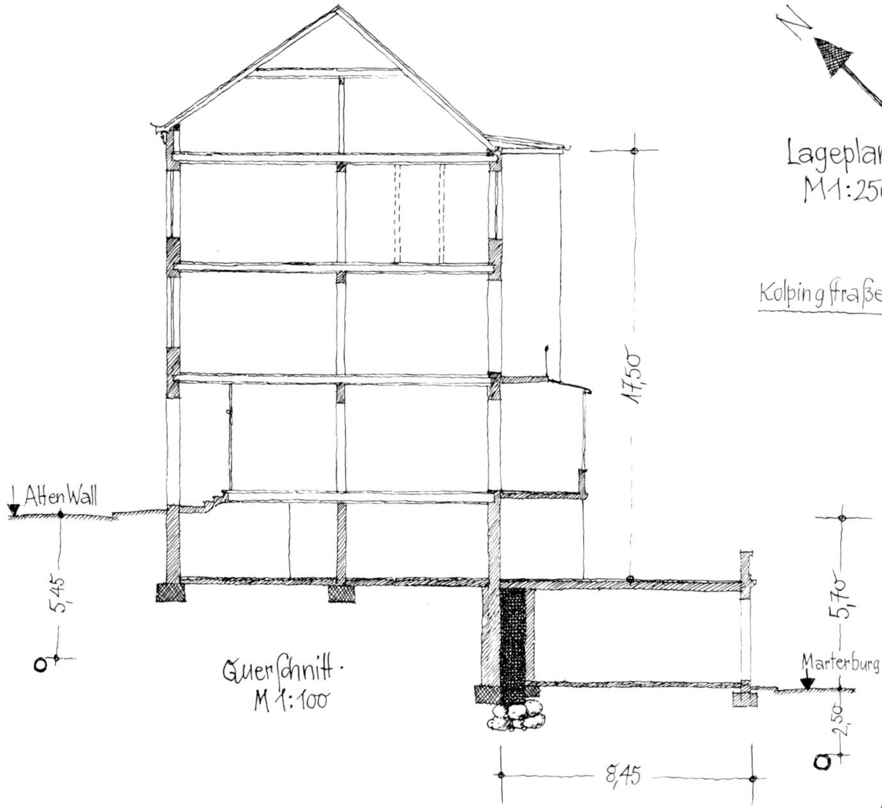

Querschnitt · M 1:100

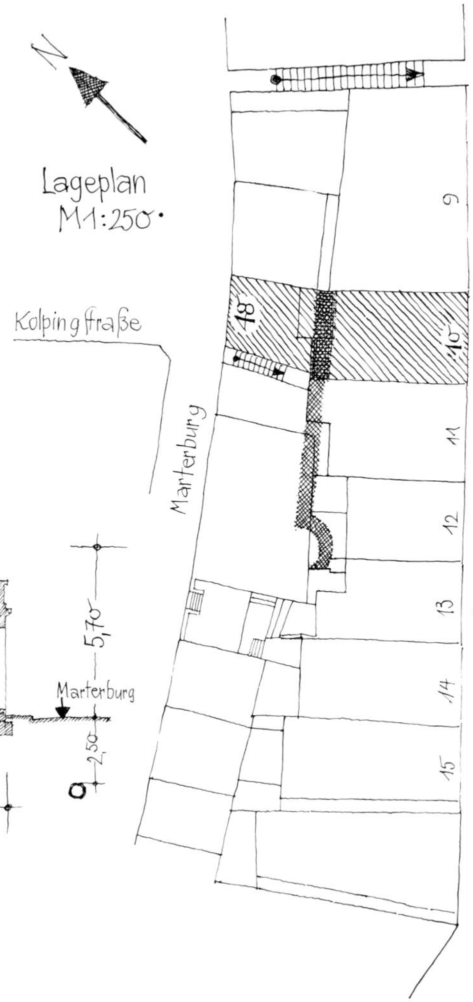

Lageplan M 1:250 ·

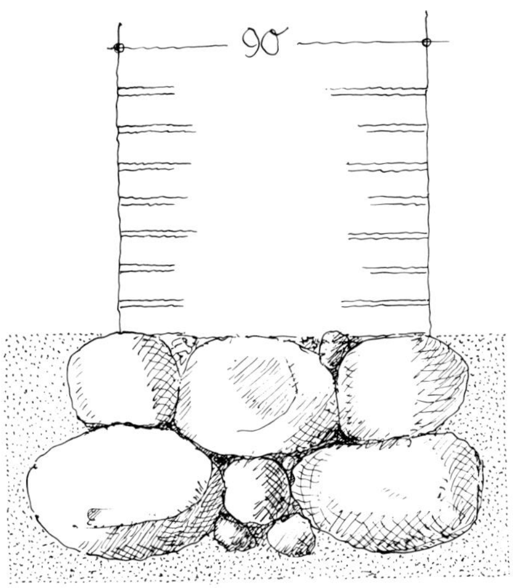

Schnitt M 1:10 ·

Das 1890 erbaute Haus Altenwall Nr. 10 (siehe Lageplan, und Querschnitt aus der Erbauungsakte), wurde im Februar 1966 abgebrochen, ebenso der 1928 zu einer Garage umgebaute Schuppen auf dem zu dem Grundstück Altenwall Nr. 10 gehörigen Grundstück Marterburg Nr. 48 ·

Bei den Abbrucharbeiten wurden Reste der Stadtmauer freigelegt und einschließlich des Fundamentes durch Aufmaß festgehalten ·

Die Rückwände beider Bauwerke waren neben der Stadtmauer errichtet worden, sie wie in einem Gehäuse bergend ·

Die Findlinge des Fundamentes wurden geborgen ·

Die Balge und das Schnoor-Viertel

Über die Balge und ihre geschichtliche, wirtschaftliche und städtebauliche Bedeutung für die Bremer Altstadt und ihre Entwicklung liegt seit langem reichhaltiges Material vielseitiger Forschungen vor.
Die Balge, heute nicht mehr vorhanden, war ein rechter Nebenarm der Weser. Von ihm wurde einst der südöstliche Teil der Altstadt umflossen, der somit auf einer langgestreckten Insel lag. Dieser Weserarm war ursprünglich — im Mittelalter — ein breiter Wasserlauf, der in der Gegend des heutigen Altenwalls vom Hauptstrom abzweigte und in nordwestlicher Richtung, vorbei an der Südseite der St.-Johannis-Kirche, verlief. Die Balgebrückstraße — der Name ist bezeichnend — überquerte diesen Wasserlauf hier mit einer Brücke. Sie ist ebenfalls eine der alten Straßen Bremens; noch heute verläuft sie in etwa der gleichen Richtung. Von da aus floß die Balge erst in nördlicher, dann in westlicher Richtung, sich erneut trichterförmig verbreiternd, in die Weser. Der ständige Wechsel der Gezeiten mit der immer wiederkehrenden Richtungsänderung der Strömung hat dazu beigetragen, daß sich an der Mündung dieses kurzen Weserarms ein natürlicher Hafen bildete, der, geschützter als das freie Wasser des Hauptstromes, allmählich als Umschlag- und Ankerplatz die Bedeutung einnahm, die vordem der Tiefer, unmittelbar am Weserufer, zukam. 1250 wurde dieser Balge-Hafen, die Schlachte, urkundlich zum erstenmal als derjenige Hafenplatz genannt, an dem die Waren umgeschlagen wurden.
Daß die Balge ein breiterer, für die Schiffahrt besser geeigneter Wasserlauf war, ist auch der Bezeichnung einer weiteren, dort befindlichen Überführung, der Stintbrücke, zu entnehmen.
Schiffe, welche die Balge befahren konnten, hatten um 1600 allenfalls ein Ladegewicht von 50 t, vielfach waren sie kleiner. Als „Eken" bezeichnete flache Kähne durften im 14. Jahrhundert nach einer Anordnung des Rates bei Geldstrafe nicht länger als drei Tage und drei Nächte in der Balge liegen, um dort nicht den allgemeinen Schiffsverkehr über Gebühr zu behindern.
Auf die Breite der damaligen Balge läßt sich aus der Breite der Eken schließen. Es gab große und kleine Fahrzeuge dieses Schiffstyps, erstere 1,50 m breit und 10 m lang, letztere 0,80 m breit und 3,50 m lang. Danach hätte die Balge eine Breite von etwa 4,50 m aufweisen müssen, wenn zwei große Eken bei einer Begegnung einen Mindestabstand von einem halben Meter zwischen sich und der jeweiligen steuerbordseitigen Uferwand haben wollten. Das Breitenmaß von 4,50 m findet sich denn auch bestätigt mit der Entdeckung des Durchlasses der Klosterbalge in der Stadtmauer (s. S. 67). Die Brücken, wie Stintbrücke, Balgebrücke und Hohe Brücke, letztere über eine „Flutgasse" führend, werden Zugbrücken gewesen sein, um auch bei hohem Wasserstand den Schiffsverkehr zu gewährleisten.
Es ist heute kaum mehr vorstellbar, daß die Balge ein so reißender und hochgehender Fluß sein konnte, daß das Haus des Johann Michael Germann, Am Klosterort, bei dem Hochwasser im Dezember 1779 mit allem Hab und Gut seines Besitzers in den Fluten der Balge versank. Die Rückfront dieses Hauses war auf der Balgemauer errichtet worden, die durch die Sturmflut unterspült wurde und schließlich einstürzte. Germann bat den Rat, eine öffentliche Kollekte abhalten zu dürfen, um das Haus wieder aufbauen zu können, denn er stand mit seiner Frau und vier unmündigen Kindern vor dem Nichts. Die Abhaltung der Kollekte wurde abgelehnt, jedoch wurden Germann 50 Rtl. geschenkt. Bald kam es zu Beschwerden der Nachbarn, weil die Schuttmassen des eingestürzten Hauses den Abluß der Abwässer hinderten.

Der ehemalige Verlauf der Balge und der Flutgasse im Gebiet des Schnoor-Statuts (volle Punktlinie = Klosterbalge, lichte Punktlinie = späterer Balgeverlauf).

Bei späteren Ausschachtungsarbeiten wurden verschiedentlich Reste der Uferbefestigung der Balge wie ihres hölzernen Bodenbelages entdeckt (Discontobank, 1909, Ausschachtung des Kellers für den Neubau des Medizinischen Warenhauses am Markt und bei der Schaffung eines Kellers unter dem rückwärtigen Teil des Hauses Schnoor Nr. 2, 1960/61). Diese Bohlenbeläge sollten die immer wieder notwendige Reinigung der Balge erleichtern, die, ebenso wie die ständige Unterhaltung, ein Anliegen des Rates war und wofür z. B. im Jahre 1602 die Anlieger dieses Weserarms einen Betrag von über 4000 Rtl. aufzuwenden hatten.

Auch die Mönche des Franziskanerklosters mußten sich an der Reinigung und Unterhaltung der Balge beteiligen. Eine ihrer Vorschriften für häusliche Arbeiten lautete nämlich: „Rore de balghe mit de hake, wan de balghe gheyt und lat de muren beseen yn de balghe."

Die senkrechten Spundwände, gefunden auf dem Grundstück Schnoor Nr. 2, lassen sogar die Vermutung zu, daß sich auch hier ein kleiner Hafen oder Anlegeplatz befunden hat.

Weitere aufschlußreiche Ergebnisse traten dann durch die Grabungen des Focke-Museums an der Südseite des Marktplatzes im Sommer 1970 zutage.

Etwa an der Stelle, an der die Balgebrückstraße die Balge überquerte, erfolgte im zweiten Viertel des 13. Jahrhunderts in südöstlicher Richtung ein Durchstich zur Weser, der diese an der Tiefer — etwa in der Mitte zwischen Stavendamm und Balgebrückstraße — erreichte, Flotgote (Flutgasse) genannt. Dieser Durchstich sollte einer natürlichen Spülung und Reinhaltung der Balge dienen, denn sie hing in ihrer gekürzten Länge nun an beiden Enden unmittelbar mit der Weser zusammen, und der Ebb- und Flutstrom waren in ihr wesentlich intensiver.

Der Balgearm zwischen der Balgebrückstraße und dem Altenwall, die Klosterbalge, versandete und verschlickte allmählich; dadurch wurde er immer enger und schmaler, bis er nur noch als Schmutzkanal diente und schließlich, wie die Balge, in ganzer Länge zugeschüttet wurde. Mit der wachsenden Bedeutung, die die Schlachte erfuhr, wurde die Balge immer nebensächlicher; schließlich konnte man ganz auf sie verzichten.

Die Klosterbalge ist jener Teil der Balge, die den *Schnoor* in seiner ganzen Länge durchzog und daher für ihn von besonderem Interesse war. Ihr früherer Verlauf ist noch heute im Katasterplan an den schmalen Grundstücken im Innern der Baublöcke zwischen Süsterstraße und Marterburg zu erkennen.

Über die letzten Jahrzehnte der Balge soll ausführlicher berichtet werden, denn ihr Schicksal ist für das Wesen historischer Veränderungen so kennzeichnend, daß man geradezu von einem Paradestück geschichtlichen Wandels sprechen könnte, das weit über die Bezogenheit auf bremische Historie hinaus aufzeigt, wie sich Entstehen und Vergehen, Auf- und Abbau durch eine veränderte Grundsituation oftmals wie von selbst vollziehen und dabei neue Gegebenheiten schaffen, die nun ihrerseits wieder das Fundament neuer geschichtlicher Entwicklungen bilden. Man redet nicht von ungefähr vom „Strom der Zeit".

Ende des 18., Anfang des 19. Jahrhunderts wurden mit stetigem Anwachsen der Stadtbevölkerung Forderungen nach stärkerer allgemeiner Hygiene laut. In Bremen begann der Plan Gestalt anzunehmen, zumindest eine häufigere Reinigung der Balge zu verlangen oder sogar ihre gänzliche Zuschüttung zu verordnen. Dadurch bemächtigte sich der Anlieger und Nachbarn dieses Wasserzuges eine erhebliche Unruhe, wollten sie doch eine Schmälerung ihrer uralten Privilegien nicht hinnehmen. So hatten sie z. B. das Recht, gegen Erlegung einer Gebühr von vier Grote ihre „heimlichen Gemächer" an oder über diesem Wasserzug errichten zu dürfen und auch den Dung von Kühen und Schweinen in die Balge abzuleiten, die seit undenklichen Zeiten mit der Strömung den Unrat hinwegspülte. Die Reinigung der in sie einfließenden Gossen und Rinnen ist daher ebenfalls stets ein besonderes Anliegen der Obrigkeit gewesen. Im Jahre 1776 drang der Rat erneut mit einem scharfen Erlaß auf eine bessere und gründlichere Reinigung der Balge. Darauf erhob sich ein heute kaum mehr verständlicher Sturm der Entrüstung, besonders von den Anliegern im Gebiete des *Schnoor*. Man scheute die hohen Kosten der Reinigung wie die unschöne Arbeit und verwahrte sich mit vielen Argumenten gegen diesen Erlaß. Als besonders stichhaltig wurde angeführt, daß der Unrat aller Art seit jeher sich stets so vollkommen aufgelöst habe, daß er unmerklich davongeflossen sei.

Im Jahre 1819 wurde dann erstmals der Entschluß gefaßt, die Balge auf ihrer ganzen Länge, also auch im *Schnoor*, zuzuwerfen. Aber auch zu dieser Zeit wurden wieder so viele Bedenken und Privatinteressen dagegen laut, daß die Durchführung dieser Absicht ganz ausgeschlossen erschien.

Im Jahre 1837, also fast 20 Jahre später, wurde die Balge jedoch endgültig zugeworfen, nachdem von 1834 an umfangreiche Verhandlungen durch „die Mitglieder der Administration und Deputation bei der großen Balge" mit den Anliegern geführt worden waren. Hierüber erschien in Buchform im Jahre 1837 ein umfangreicher Bericht.

Der Bericht ist unter dem 31. Mai 1834 dem Senat eingereicht worden. Bereits zwei Wochen später, am 13. Juni 1834, wurde die Finanzdeputation vom Bürger-Convent ermächtigt, den „Gegenstand" zu prüfen. Ob nun die Finanzlage Bremens in diesem Jahre so schlecht war oder andere, vordringlichere Aufgaben gelöst werden mußten, sei dahingestellt; jedenfalls erstattete die Finanzdeputation ihren Bericht erst nach Ablauf von zwei Jahren und neun Monaten, also am 17. März 1837.

Nachdem Rat und Bürgerschaft den Antrag genehmigt hatten, erfuhren die Bürger, die am 31. Mai 1834 in einer Bittschrift die Zuwerfung der Balge gefordert hatten, endlich am 11. August 1837, also nach mehr als drei Jahren, von dem Beschluß des Senats, die Balge zuschütten zu lassen. Für diese Arbeit wurde ein Zu-

Querschnitt der Balge

Gezeichnet nach einem Bericht des Baudirektors a. D. Ernst Ehrhardt in den ›Bremer Nachrichten‹ vom 18. 1. 1925 unter dem Titel ›Die große Balge und Funde bei Ausgrabungen an der Böttcherstraße‹. Die klaren Ausführungen von Ernst Ehrhardt über Maße und Art der Konstruktion ermöglichten eine genaue zeichnerische Darstellung. Danach hatte das Bett der Balge eine Breite von 4,60 m und eine Tiefe von 4,00 m. Ihr aus 40 cm breiten Eichenbohlen bestehender Boden ruhte auf eichenen Jochen, die in einem Abstand von 2,20 m in die Düne eingerammt waren, ebenso wie die Doppelpfähle, welche die kajeartigen Ufermauern trugen. Diese Mauern bestanden in der unteren Hälfte aus Findlingen, in der oberen aus Backsteinmauerwerk und waren zur Wasserseite hin mit Sandsteinplatten verkleidet. Ihre Gesamtstärke betrug 1,00 m. Der Winkel zwischen dem Boden und der senkrechten Wand war durch eine 10 cm hohe Bohle, ebenfalls aus Eichenholz, abgedeckt.

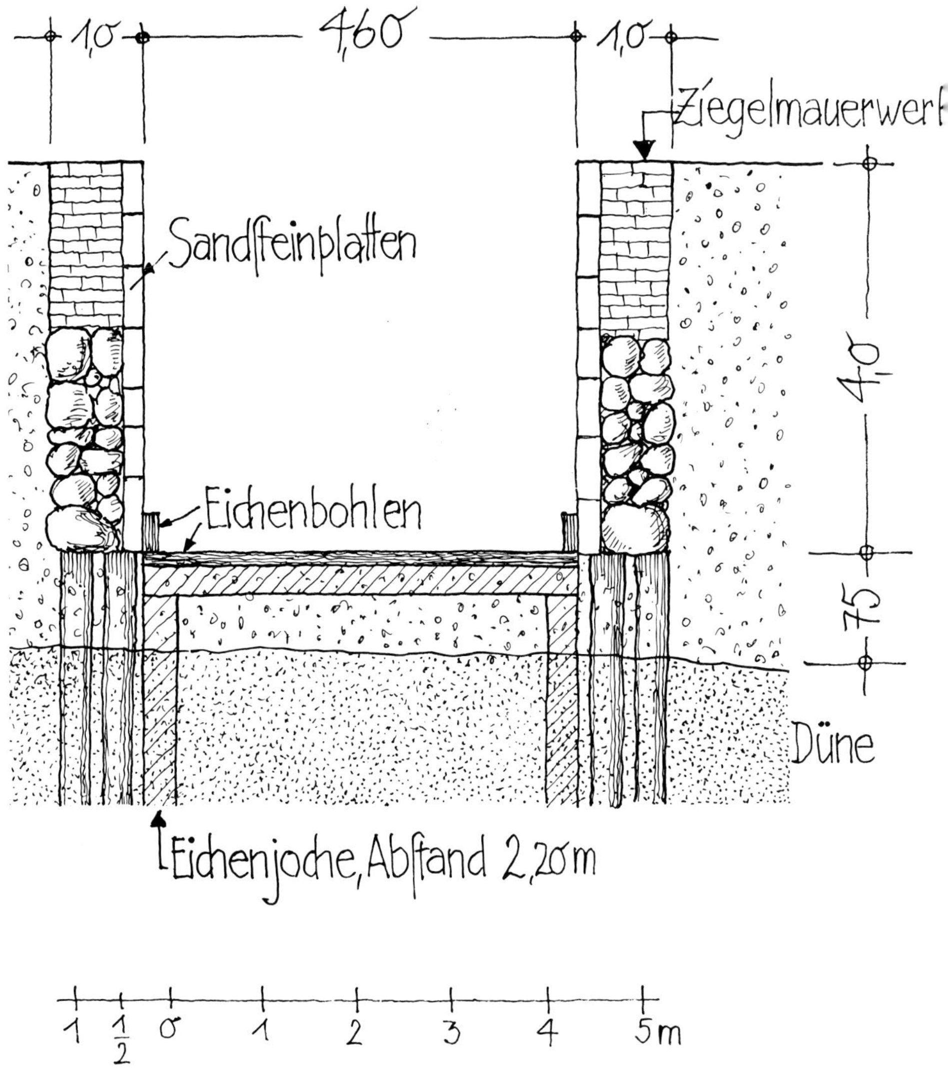

schuß aus der Staatskasse in Höhe von 8000 Rtl. bewilligt, woran aber u. a. die Bedingung geknüpft war, daß die Arbeit in zwei Jahren vollendet sein müßte. Weiter billigte man, daß über das durch die Zuschüttung gewonnene Gelände frei verfügt werden könne, sofern der verbliebene Abwasserkanal auch auf Privatgrundstücken zugänglich bleibe. Bauinspektor Stamm hatte schon im Herbst 1836 neben einer eingehenden Beschreibung über Art und Umfang der verschiedenen Arbeitsgänge, über Höhenangaben, Abmessungen, Material und Durchführung einen Kostenüberschlag aufgestellt. Er hielt es für wahrscheinlich, daß

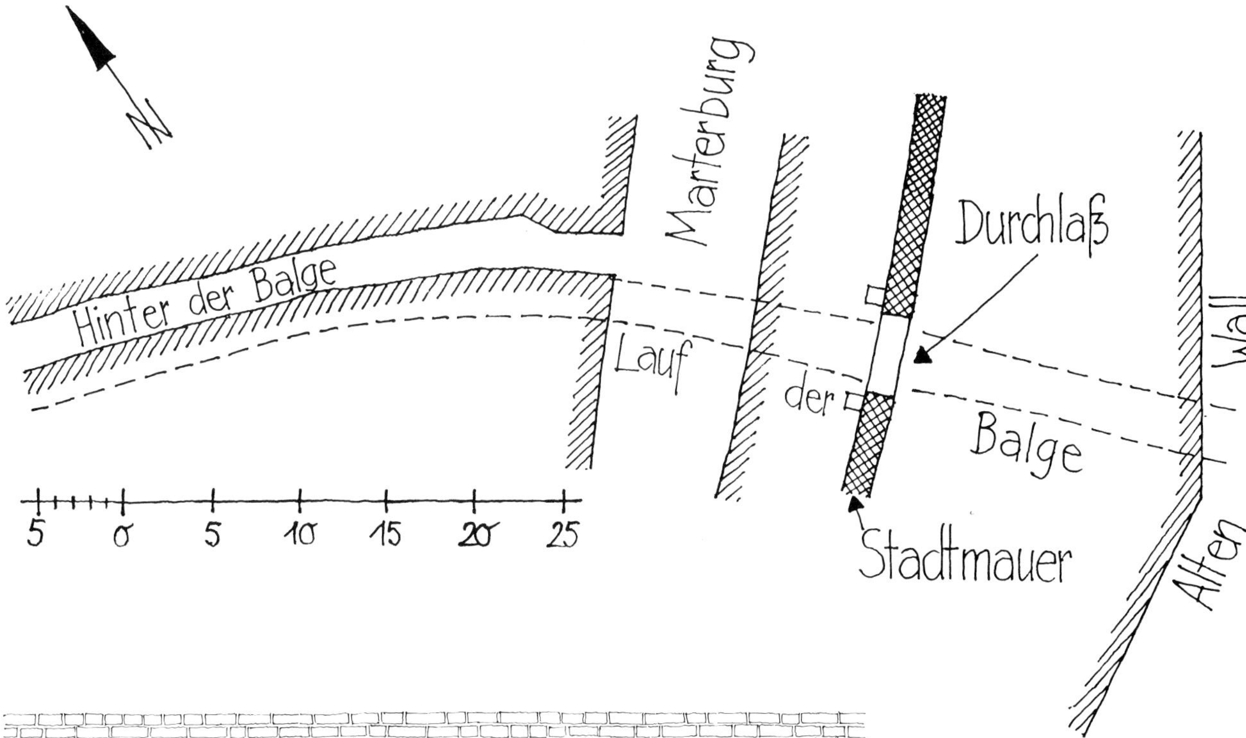

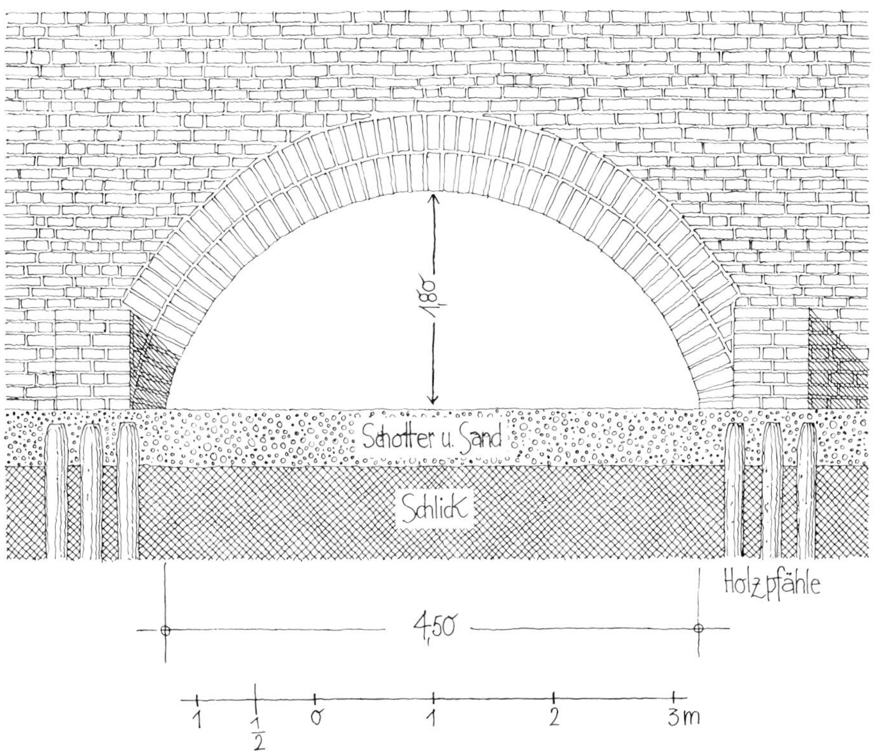

Durchlaß der Balge unter der Stadtmauer.

Im August 1959 wurde bei einem Bauvorhaben zwischen Altenwall und Marterburg ein Stück der Stadtmauer von etwa 20 m Länge gefunden, das einen doppelt gewölbten Bogen enthielt. Es handelt sich dabei um den Durchlaß der Klosterbalge, die früher von hier aus ihre Verbindung mit der Weser gehabt hatte. Da die Klosterbalge kleiner war als die Große Balge, konnten auf ihr nur Kähne, die ›Eken‹, gezogen oder gestakt werden. Die Breite der Klosterbalge betrug 4,50 m. Auf der Großen Balge dagegen konnten Schiffe von 30–50 t Tragfähigkeit verkehren. (Gezeichnet nach einem Bericht im ›Weser-Kurier‹ vom 3. 9. 1959.)

die Kosten für die Gesamtarbeit, d. h. die völlige Zuwerfung der Balge auf ihrer ganzen Länge, den Betrag von 35 000 Rtl. nicht überschreiten würden. Für Einsparungen durch eine günstigere Ausführung der Arbeit sollte Stamm eine Vergütung von 10 Prozent dieser Summe erhalten, und zwar neben seinem Honorar von 1500 Rtl. Er übernahm die Arbeit in persönlicher Verantwortung, hatte jedoch seitens des Staates auch volle Handlungsfreiheit.

Am Schluß des von Stamm vorgelegten Kostenanschlags vom 28. Juli 1837 ist noch eine Zeichnung beigefügt, die das Profil des nunmehr abgedeckten, unterirdischen Abwasserkanals, zu dem die Balge nun wurde, zeigt (s. Abb. unten).

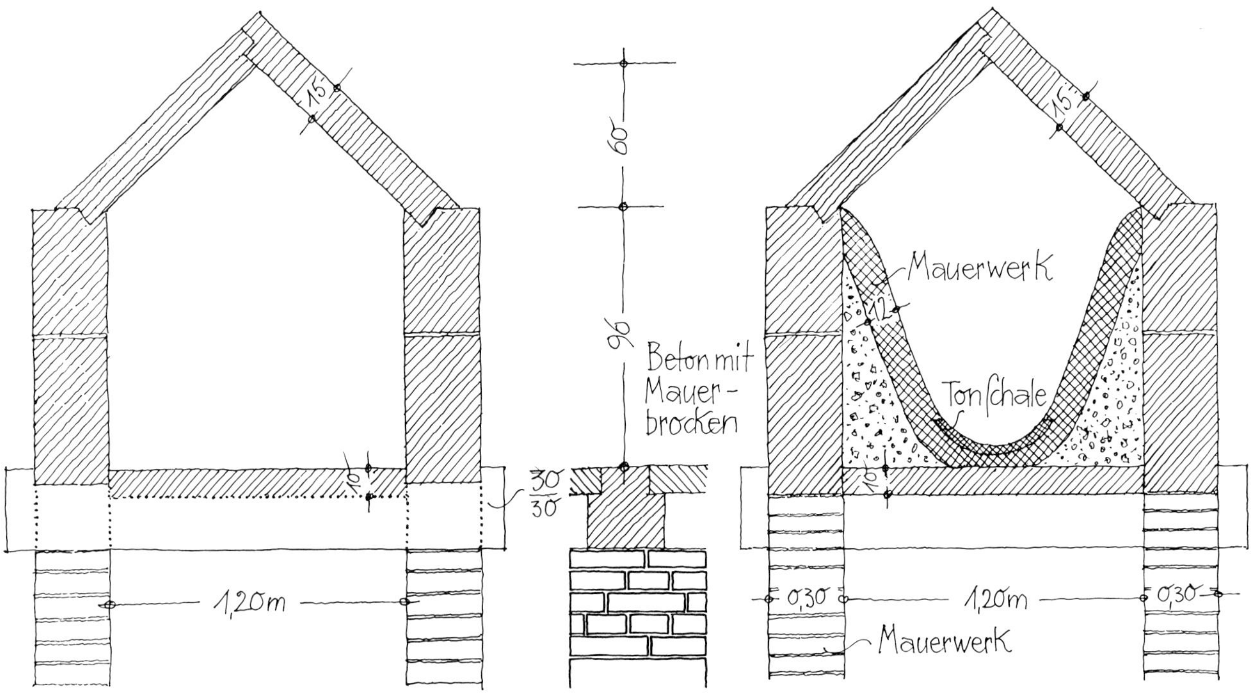

Querschnitt des Kanals, zu dem die Balge 1837 nach der Planung von Bauinspektor Stamm umgebaut worden war. Ein Originalstück von 2,20 m Länge, nach dem die obenstehende Zeichnung entstand, wurde vom Amt für Stadtentwässerung und Stadtreinigung geborgen und vor einigen Jahren als Schaustück im Garten des Klärwerkes Seehausen aufgestellt. Boden, Wandungen und Deckplatten bestehen aus Obernkirchener Sandstein, ebenso die in regelmäßigen Abständen von 1,50 m verlegten Querriegel, die in Längsrichtung als Aufleger der 10 cm starken Bodenplatten dienten. Deck- und Bodenplatten sind durch Falze gegeneinander gedichtet. Der Kanal ruhte auf Mauerwerk, das bis in eine Tiefe von 1,40 m unter den Kanalboden hinabgeführt war. Dieses Mauerwerk stand auf Holzpfählen von etwa 25 cm Durchmesser und 1,00 bis 1,50 m Länge.

Beim Ausbau der bremischen Kanalisation, beendet etwa 1917, wurde der Balgekanal auch im Schnoor-Viertel gänzlich entfernt. Ein letzter Teil des Kanals ist noch auf dem Grundstück des Verlagshauses Schünemann (in der Nähe der Schlachte) erhalten geblieben. Er führt an der Ostseite des Gebäudes entlang und wird auch heute noch, wenn auch privat, als vollwertiger Kanal genutzt. Sein Querschnitt ist durch Einbringen eines schalenförmigen Bodens verändert bzw. verbessert worden.

Aus der Geschichte und Baugeschichte der St.-Johannis-Kirche, heute Propsteikirche St. Johann

Die Johanniskirche ist im 14. Jahrhundert als dreischiffige Hallenkirche errichtet worden. Die schmucklose Strenge der Fronten ebenso wie die Gestaltung des langgestreckten Chores entsprechen dieser Epoche. Neben dem Rest des Katharinenklosters ist dies die einzige rein gotische Kirche in Bremen, ohne Bauunterbrechung errichtet und darum ohne Stilbruch. Als Bettelordenskirche, sie gehörte den Franziskanern, erhielt sie keinen Turm. Dennoch behauptete sie sich in der Stadtsilhouette, wie schon alte Stadtansichten zeigen, durch ihr hohes Satteldach neben den anderen Kirchen. Das im nächsten Kapitel erwähnte Nekrologium nennt den Kanoniker Johannes Bud an St. Anschari, der zum Bau der Kirche ein reiches Almosen beigesteuert hat. Er lebte um 1400 und hat möglicherweise durch seine Stiftung, die urkundlich belegt ist, zur schnellen Fertigstellung des Baues beigetragen.

Da der Einzug der Franziskaner in Bremen für das Jahr 1225 belegt ist, waren etwa hundert Jahre vergangen, ehe mit dem Bau dieser Kirche begonnen werden konnte. Es kann angenommen werden, daß die Franziskaner bis zur Fertigstellung der Kirche oder wenigstens des Chores ihre Gottesdienste in den Räumen des Klosters abhielten.

Die Schlichtheit des Baues ist nicht zuletzt bestimmt durch die Einheitlichkeit des Materials, Backstein im Klosterformat. Das vielfältige Farbenspiel dieser Steine, das bei jeder Beleuchtung wechselt, belebt die Fronten, ist jedoch von anheimelnder Wärme und prägt auch diesem Bau den Stempel norddeutscher Backsteingotik auf. Hinzu kommt die Optik des Fugennetzes, das bei der geringen Ausdehnung des einzelnen Steines engmaschig ist und in dem maßstäblichen Kontrast zur großzügigen architektonischen Struktur die Wirkung der Giebelfronten steigert.

Die Gliederung der Längswände verzichtete auf jegliche Schmuckelemente und erfolgte durch die schlichten Strebepfeiler, die sich nach unten hin in wenigen Absätzen verstärken. Lediglich die großen schlanken Fensteröffnungen mit ihrem reichen Maßwerk beleben die Fronten.

Der Baugedanke dieser Kirche hat sich in jeder Hinsicht der allgemeinen Ordensregel untergeordnet und diese in schlichter, doch selbstbewußter Form zum Ausdruck gebracht. Eine Ausnahme aber bildet das Giebeldreieck der Westfront. Die reiche Ausbildung dieses großartigen Giebels zeigt eine Fülle von Formelementen, die auch für die Kunst der Maurer hohes Zeugnis ablegen. Durch drei übereinanderliegende Stockwerke von Blendarkaden, die paarweise durch doppelte Spitzbögen abgeschlossen sind, wird die so gegliederte Fläche von den verschiedensten Backsteinmustern überzogen. Waagerechtes und senkrechtes Mauerwerk in Schwalbenschwanzmuster, Flachschichten und Stromschichten lassen diesen Giebel in Verbindung mit den ebenfalls durch Blendnischen gegliederten achteckigen Treppentürmchen als eines der großartigsten Denkmale norddeutscher Backsteingotik erscheinen. Besonders bemerkenswert ist dabei, daß diese Aufgliederung ohne Anwendung gebrannter Formsteine erreicht werden konnte.

Daneben sind an äußerem Schmuck nur noch die spitzbogig geschlossenen Blendnischen am Ostgiebel zu nennen, mit denen die Wandfläche oberhalb des 8 m tiefer angesetzten Chordaches belebt ist.

Zur Vervollständigung des Gesagten einige Daten: Die Traufenhöhe der Kirche beträgt 16 m, die Firsthöhe 31 m über Straßenoberkante. Der Dachreiter hat eine Höhe von 19 m, seine Spitze liegt somit 50 m über Gelände. Die Wandstärke des Schiffes beträgt 1,60 m, die des Chores 1,20 m.

Westgiebel der St.-Johannis-Kirche. Die Anhebung des Fußbodens um 3 m ergab zwangsläufig eine Neubildung der Eingänge, aber ebenso eine Beeinträchtigung der Fenster, besonders in der Mittelachse. Die Helme der seitlichen Türme sind inzwischen in hoher, spitzer Form wiedererstanden. Der erhalten gebliebene Giebel zeigt bemerkenswert verschiedenartige Steinmuster im Stile der Backsteingotik.

Das Innere ist von ebenso überzeugender Schlichtheit; sie ist das Charakteristische des großartigen Raumes, dessen lichte Länge 23,9 m und dessen lichte Breite 17,5 m beträgt. Die Länge des Chores ist mit 21 m, seine Breite mit 9 m vermessen. Die lichte Höhe des Mittelschiffes bis zum Schlußstein der Gewölbe beträgt 15 m, im Chor 14,3 m. Der Fußboden des Chores liegt um diesen Unterschied höher. Vier Paar Säulen tragen fünf Gewölbejoche. Der Chor wird von zwei Jochen überwölbt und ist mit den sieben Seiten eines Zwölfecks geschlossen. Er ist eine der großartigsten Leistungen kirchlicher Baukunst in Bremen; diesen Eindruck verstärken die hohen Fenster mit ihren schmalen Zwischenpfeilern. Die Pfeiler zeigen im Grundriß ein Kreuz, deren Enden und Winkel mit runden Diensten besetzt sind. Von diesen werden nur die zum Mittelschiff und zu den Seitenschiffen hinstrebenden in Höhe des Bogenansatzes von einem schlichten Kapitell unterbrochen. Die anderen Dienste schießen ohne Unterbrechung zur Höhe der Arkadenscheitel auf und geben dadurch den Pfeilern ein besonders schlankes, hochragendes Aussehen.
Plastische Schmuckelemente finden sich dann erst wieder an den Schlußsteinen des Mittelschiffs und an den Wandkapitellen im Chor in Form naturalistischer Blattornamente.
Die Johanniskirche, in der sich außer dem Hochaltar noch zehn Nebenaltäre befanden, erhielt auch nach der Reformation keinen eigenen Pfarrsprengel, in ihr wurde lediglich noch der Gottesdienst für die Prövener des Klosters abgehalten. Ein Prediger mußte dort zu bestimmten Zeiten, und zwar auch an dem damals noch bestehenden dritten Feiertag der drei großen Feste, predigen und auch sonst für die Prövener seelsorgerisch tätig sein.
Diese dritten Feiertage wurden durch Verordnung vom 26. September 1805 abgeschafft, jedoch war damit kein Predigtverbot für diese Tage verbunden, so daß sich die Gottesdienste in der Klosterkirche an diesen dritten Feiertagen eines starken Zustroms von Besuchern erfreuten und ertragreiche Kollekten erbrachten, zumal in den anderen Pfarrkirchen Bremens an diesen Tagen nicht gepredigt wurde.
Die Johanniskirche wurde daneben auch zu sonstigem kirchlichem Gebrauch vom Rat der Stadt zur Verfügung gestellt.
Ab 1622 durfte sie von der Französischen Gemeinde benutzt werden. Diese Nutzung währte bis zum Jahre 1748, als der letzte französische Prediger verstarb und außerdem das Bedürfnis nach französischem Gottesdienst erlosch, weil die in Bremen geborenen Kinder der Franzosen bereits in der deutschen Sprache aufgewachsen waren; dennoch wurde 1761 erneut ein französischer Gottesdienst eingerichtet.
Die Kirche diente aber auch den bremischen Gemeinden als Ausweichunterkunft, wenn deren eigene Kirchen umgebaut oder instand gesetzt wurden oder aus anderen Gründen nicht besucht werden konnten. Dieser Fall trat z. B. 1736/37 während des Neubaues von St. Remberti ein sowie im Jahre 1754 nach dem Brande von St. Stephani. Auch durften 1761 die Prediger von St. Remberti und von St. Michaelis abwechselnd

in der Johanniskirche predigen, weil ihre Kirchen von den Engländern als Hospital benutzt wurden.
Seit März des Jahres 1789 wurden Bestrebungen laut, den Gottesdienst in dieser Kirche ganz einzustellen. Zu einem Beschluß kam es aber erst im Jahre 1801. Da die Kirche nun nicht mehr für Gottesdienste zur Verfügung stand, wurde der Verwaltung freigestellt, auf eine andere, einträgliche Nutzung zu sinnen. Das war schon wegen des schlechter werdenden Bauzustandes und der hohen Unterhaltungskosten erforderlich. So mußte bereits im Jahre 1786 ein Darlehen in Höhe von 3000 Rtl. für Reparaturen aufgenommen werden.
Im Jahre 1802 wurde der Plan erwogen, die Kirche zu einem Packhaus umzubauen und zu vermieten, allerdings unter Ausschluß des Chors, der weiterhin für den Gottesdienst genutzt werden sollte. Die Umbaukosten wurden von dem Unternehmer C. A. Deetjen auf 5000 Rtl. in „wichtigem Golde" veranschlagt. Die auf dem Chor vorhandenen Grabstätten sollten jedoch erhalten bleiben.
Zu den bisherigen Einnahmequellen hatte die Vergabe von Grabstätten gegen hohes Entgelt in der Kirche selbst oder auf dem Chor gehört. Jedermann wurde es gestattet, für sich und seine Angehörigen eine Grabstätte zu erwerben; von dieser Möglichkeit machten besonders vornehme Fremde Gebrauch. Hierzu einige Beispiele und — soweit bekannt — auch die zugehörigen Jahreszahlen:
1680 Oberstleutnant Marschall — 1701 Kurfürstl. Brandenburgischer Oberst de la Roche — 1729 Dr. med. Block — 1736 Landrat von Vrintz — 1757 Herzog d'Antin, Marschall und Pair von Frankreich — Reichshofrat von Vrintz — Baron von Plessen — Generalmajor Mauermann.

Die Kirche im Jahre 1820 im Blick von Nordwesten. Reproduktion einer Federzeichnung von Georg Ernst Papendiek.

Das hochragende Innere der Hallenkirche, Blick nach Nordwesten.

Im Jahre 1783 wurde der bekannte Schauspieler Carl Friedrich Abbt von der „Vereinigten Gesellschaft deutscher Schauspieler" in dieser Kirche feierlich beigesetzt. Diese Tatsache ist für die Geschichte des bremischen Theaters besonders bemerkenswert, weil zuvor die Bremer gegenüber dem Theater keine Toleranz übten. So wurde auch C. F. Abbt nur eine Spielzeit von jährlich drei Monaten zugestanden, obwohl ein — wenn auch nur aus Holz errichteter — Theaterbau am Wall vorhanden war. Pietistisches Denken stand dem Treiben des „losen Völkchens" entgegen.

Im Jahre 1816 wurde durch Beschluß von Rat und Bürgerschaft vom 27. September die Kirche der Katholischen Gemeinde übergeben. Der bauliche Zustand erforderte jetzt jedoch durchgreifende und kostspielige Instandsetzungsarbeiten, so daß eine Nutzung für den Gottesdienst erst ab 1823 möglich war. Besondere Sorge bereiteten dabei die alljährlichen Überschwemmungen der Kirche; ihretwegen wurde der Fußboden um drei Meter höher gelegt. Dadurch liegt der jetzige Kellerfußboden 1,90 m unter Höhe der Lange Wieren, einer Straße, die ebenfalls aufgeschüttet werden mußte.

Die Höherlegung des Kirchenfußbodens erfolgte zwar nicht in erster Linie, um Kellerraum zu schaffen, doch auch nicht ohne Rücksicht darauf, daß eine Raumhöhe erreicht werden mußte, die den neu gewonnenen Keller zu Lager- und Kontrollzwecken brauchbar machte.

Die Tiefe der Ausschachtungen reichte bis zur Höhe des Grundwasserstandes; das garantierte die Haltbarkeit der Birkenpfähle, mit denen eine Bodenverdichtung durchgeführt worden war. Auf diese Pfähle wurden in der sauber ausgeschachteten Fundamentgrube abwechselnd fünf Schichten Ziegelbrocken in Muschelkalkmörtel und vier Schichten Sand gestampft. Drei abgetreppte Schichten Mauerwerk bildeten den oberen Abschluß der Pfeilerfundamente. Ihre Tragfähigkeit war bei gleichbleibendem Grundwasserstand ausreichend.

Durch die Anhebung des Fußbodens mußten auch die Eingänge höher gelegt werden; entsprechend wurden die Fenster, besonders das große Mittelfenster an der Westfront, verkürzt.

In den Jahren 1871 und 1872 erfolgte eine weitere umfassende Restaurierung; es wurden die Sakristei angebaut, Fenster neu verglast und neue Bänke aufgestellt. Daneben machte man große Anstrengungen um die weitere Ausstattung der Kirche. Allmählich erhielt die Johanniskirche ein Aussehen, das des alten Baues würdig war und von dem Wilhelm von Bippen 1879 sagte: „Das ist ein Bau aus einem Guß, da ist nichts Fremdes, nichts Störendes; hier endlich finden wir eine Kirche, deren architektonische Formen von einem Gedanken beherrscht werden, die nicht durch Anbauten und Umbauten ihr stilistisches Gleichmaß verloren hat."

Schon wieder — im Jahre 1888 — mußte eine gründliche Überholung durchgeführt werden.

Im Zweiten Weltkrieg erlitt die Kirche schwere Schäden. 1942 brannte der gesamte Dachstuhl mit dem Dachreiter ab. Die Giebel, besonders der erhalten gebliebene kostbare Westgiebel, wurden behelfsmäßig abgestützt. Sämtliche Glasfenster waren zerstört. Mauern und Gewölbe wiesen starke Risse auf.

Kleinere Risse im Mauerwerk hatten sich zwar schon im Laufe früherer Jahre immer wieder gebildet, deren Ursache in ungleichmäßigen Setzungen des Bauwerkes zu suchen war. Bei der Untersuchung der Kriegsschäden wurde aber auch erkannt, daß die Standfestigkeit der Kirche schon früher stark gefährdet gewesen war. Die Baugeschichte dieser Kirche weist darum ein ungewöhnlich hohes Maß an Instandsetzungsarbeiten auf. Die Sorge um den sich ständig verändernden Untergrund riß nicht ab, zumal auch die Regulierung der Weser in den Jahren 1895, 1915 und 1931 den Grundwasserspiegel so beeinflußte, daß die hölzernen Pfahlroste der tragenden Säulen trockengefallen waren und damit erneute Gefährdungen heraufbeschworen worden waren. — Fast drei Jahre lang wurde daher an dem Einbau einer neuen Gründung gearbeitet, bei der 133 Betonpfähle, teilweise mit einem Durchmesser von 80 cm, bis in eine Tiefe von 16 m eingebracht wurden.

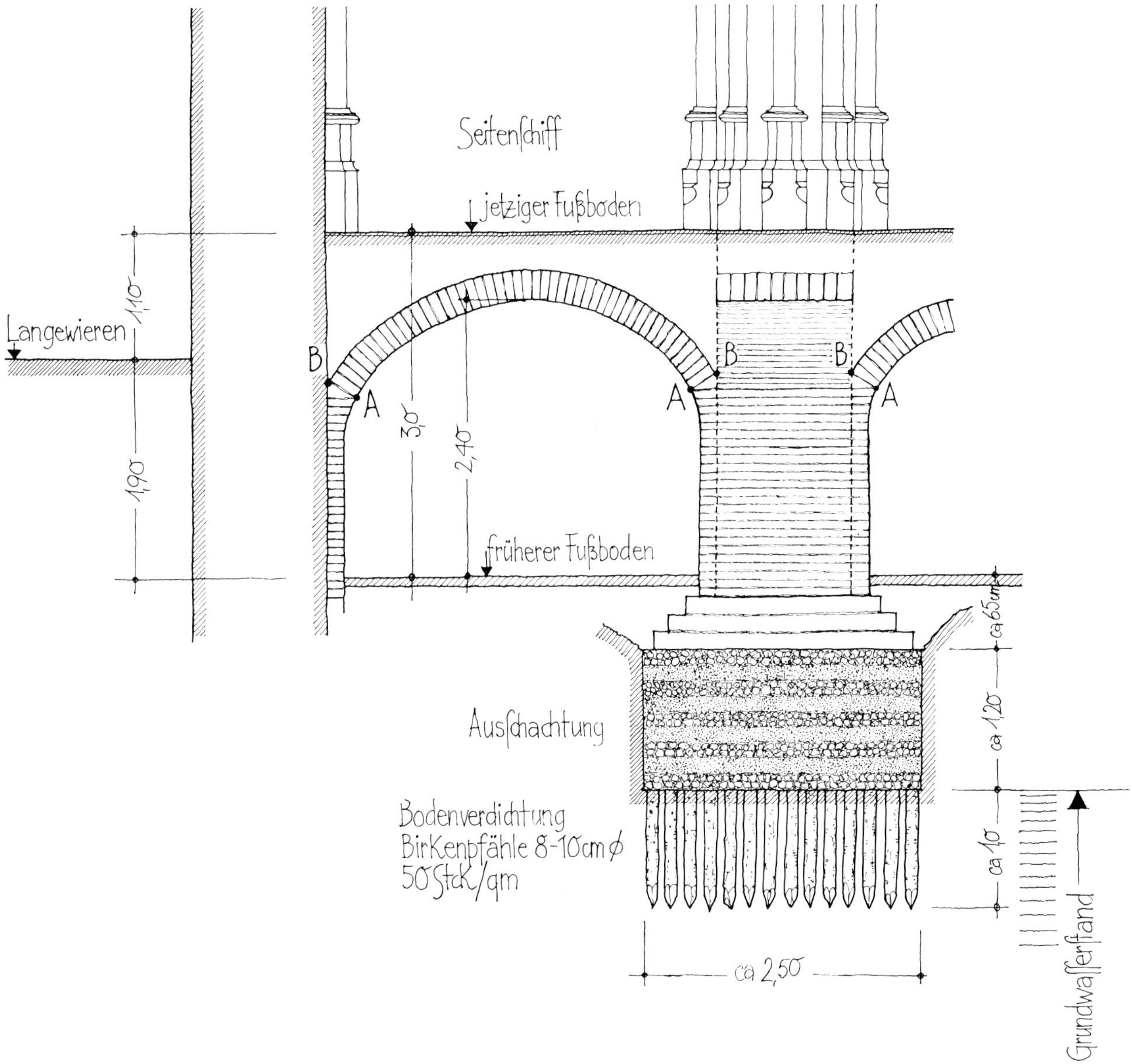

Das den Wänden und Pfeilern vorgelegte Mauerwerk geht in die Gewölbe über, welche die 3 m höher gelegte Decke tragen. Die äußeren Dienste der Pfeiler wurden dabei im Keller abgeschlagen und die Pfeiler rechteckig ummauert. Die Konstruktion der Pfeilerfundamente konnte erst durch Ausgrabung festgestellt werden (Dr.-Ing. Hubert Grabbe, Bremen).

Die Gesamtlast ist jetzt so verteilt, daß auf jedem Pfahl ein Anteil von 75 t ruht.

1951 wurde ein neuer Dachstuhl aufgebracht. Das neue Dach wurde jetzt mit roten Pfannen gedeckt anstatt — wie bisher — mit Schiefer. Mit der Wiederherstellung des Daches war auch die Erhaltung der Giebel gesichert. 1955 wurden die Fenster neu verglast. Die Darstellungen beziehen sich auf die Geschichte Bremens.

Rechtzeitig zu Bremens Jahrtausendfeier im Jahre 1965, zu der die vier bremischen Altstadtkirchen mit Hilfe einer großzügigen Spendenaktion ihre Türme wiedererhielten, wurde auch bei St. Johannis ein neuer kupferner Dachreiter erstellt.

Plan des bremischen Architekten H. Rauschenberg zum Umbau der St.-Johannis-Kirche vom 21. September 1821

Nach diesem Plan sollte die Nordfront der Kirche, die sich damals schon seit fünf Jahren im Eigentum der Katholischen Gemeinde befand, ein neues Aussehen erhalten und verputzt werden. Der dabei vorgesehene Fugenschnitt des Sockels entsprach dem Zeitgeschmack. Da es zu Anfang des 19. Jahrhunderts vielfach üblich war, Tür- und Fensteröffnungen ohne Rahmen und Sprossen nur als Maueröffnungen darzustellen, kann nicht mehr mit Sicherheit gesagt werden, ob mit diesem Entwurf auch ein Fortfall des Maßwerks der Spitzbogenfenster geplant war. Der Haupteingang

Nach dem Plan des Architekten H. Rauschenberg aus dem Jahre 1821 sollte die Nordfront der Kirche verputzt werden.

Von den in der Abb. links mit „C“ bezeichneten Gottesbuden ist die an der Lange Wieren gelegene bis zum Abbruch im Jahre 1912 erhalten geblieben.

sollte zu einem Kellerniedergang umgebaut und durch zwei Türen an der Nordfront ersetzt werden.
Die in dem Plan mit „C“ bezeichneten Anbauten waren „Gottesbuden“, kleine Wohnhäuser, bei denen Kirchenwand und Strebepfeiler den Großteil ihrer Außenwände bildeten. Die letzte Gottesbude an der Kirche wurde erst im Jahre 1912 abgebrochen.
„Gottesbuden“ bestanden nicht nur als Kirchenanbauten zwischen den Strebepfeilern, sondern es wurden auch solche Häuser so genannt, die von Stiftern für die Unterbringung von Armen und bestimmt waren.
So bestanden außer den Gottesbuden an der St.-Johannis-Kirche auch drei Gottesbuden vor der Holzpforte, die Johann Using, Bürger zu Bremen, in seinem Testament vom 2. März 1564 Gott dem Allmächtigen zu Ehren für die Unterkunft alter und frommer Leute bestimmte. Dazu gehörten auch ein Holzschauer und ein Schweinekoben. Die Witwe von Johann Using wandelte die Hergabe der drei Buden dann in eine Stiftung um und benannte diese nach dem Familiennamen ihres zweiten Mannes, Koepken; sie führte daher fortan den Namen „Koepken-Stiftung“.
Da diese drei an der Holzpforte gelegenen Buden und ihre Bewohner wegen der niedrigen Lage des Geländes jährlich unter dem Hochwasser der Weser zu leiden hatten, verkauften die Administratoren der Stiftung die Buden mitsamt dem Grundstück an den dort ansässigen Nachbarn, den Kaufmann Carl Christian Strüwer, für den Betrag von 2000 Rtl. Für einen Teil dieses Erlöses wurde ein Grundstück erworben, auf dem das 1838 errichtete Koepkenstift an der nach ihm benannten Koepkenstraße heute noch steht.
Der Wappenstein der Koepkens blieb kraft einer besonderen Bedingung von dem Verkauf der drei Gottesbuden ausgeschlossen; er wurde daher von der Holzpforte mitgenommen und erhielt seinen jetzigen Platz am Neubau des Koepkenstiftes. Die Inschrift „Renovatum 1804“ bezieht sich nicht auf den Stein, sondern besagt, daß in diesem Jahre die Gottesbuden an der Holzpforte nach einer Überschwemmung erneuert worden sind.

Aus den Akten der Stiftung ist ferner zu ersehen, daß die Holzpforte im Jahre 1809 wegen der ständig wiederkehrenden Überschwemmungen höhergelegt wurde. Das gespaltene Wappen von Hinrich Koepken zeigt im Vordergrund (links) einen gekrönten Mohrenkopf. Es kann daraus geschlossen werden, daß der Wappenträger mit orientalischen Spezereien und Medizinen Handel trieb. Der hintere (rechte) Teil des Wappens enthält einen gekrönten Dorschkörper, so wie er auch am „Schütting“ zu erkennen ist. Archivakten bestätigen, daß Hinrich Koepken zur Societät der Bergenfahrer gehörte, die dieses Zeichen führte.

Das Protokoll der Stiftung von Koepkens Gottesbuden bringt interessante Einzelheiten, die von Dr. Hermann Lampe in seinen „Nachrichten über die Stiftung“ (April 1848) zusammengestellt wurden.

Aus der Geschichte und Baugeschichte des Johannisklosters

Das bedeutendste Bauwerk innerhalb des Schnoor-Viertels ist die St.-Johannis-Kirche, im Jahre 1953 zur Propsteikirche St. Johann erhoben. In der Nordwestecke des *Schnoor* gelegen, ist sie — wie jede mittelalterliche Kirche — geostet und beherrscht mit ihrer imposanten Erscheinung die engere und weitere Umgebung. Dieser Kirchenbau ist der Rest einer einst umfassenden und vollständigen Klosteranlage, welche die Franziskaner um 1230 gegründet hatten. Die Nachrichten über die Franziskaner in Bremen sind im allgemeinen spärlich, nur selten sind Urkunden aufzufinden, in denen sie erwähnt worden sind.

Eine wichtige Quelle, die viele interessante Rückschlüsse zuläßt, ist das Nekrologium des Klosters, das zahlreiche Personen aller Stände namhaft macht und sich seit dem Dreißigjährigen Krieg in der Kgl. Bibliothek in Stockholm befindet. Etwa 1486 begonnen, bietet es mit einem aufschlußreichen Verzeichnis der Stifter und Stiftungen über eine Reihe von Jahrzehnten zahlreiche familiengeschichtliche Angaben über arme und wohlhabende bremische Bürger und Ratsherren.

Aber auch die Vorschriften des Klosters über die häuslichen Arbeiten der Mönche und alles, was dazu gehört, wie Gartenbestellung, Straßenfegen und sogar das Schlachten der Schweine, lassen Rückschlüsse über bremisches Leben während des späten Mittelalters im und um den *Schnoor* zu.

Die ersten Franziskaner sind um 1225 in Bremen eingetroffen, da 1223 auf ihrem Provinzialkapitel in Speyer beschlossen worden war, die Tätigkeit des Ordens vom Rhein aus auch nach dem Norden auszudehnen. Wie die Rennersche Chronik berichtet, sollen die Ordensbrüder von Erzbischof Gerhard II. freundlich aufgenommen worden sein. Er zog einige Franziskaner als Zeugen bei einer Schenkung an das Kloster Lilienthal hinzu, wobei ein Guardian und ein Kustos neben zwei Brüdern beteiligt waren. Zu dieser Zeit muß also schon ein vollständiges Kloster der Franziskaner in Bremen bestanden haben. Auf die freundliche Aufnahme durch den Erzbischof läßt auch eine frühzeitige Zuweisung eines Baugrundstücks für Kloster und Kirche schließen.

Franziskaner und Dominikaner, die Grauen und die Schwarzen Mönche, ließen sich somit fast zur gleichen Zeit in Bremen nieder, denn auch für die Dominikaner ist das Jahr 1225 als Jahr ihrer Ankunft genannt. Wahrscheinlich haben die Franziskaner zunächst mit dem Bau des Klosters und einiger Nebengebäude begonnen, um sich die nötige Unterkunft zu verschaffen. Auch verfügten sie, wenigstens in der ersten Zeit ihrer Anwesenheit und Tätigkeit in Bremen, wohl kaum über die erforderlichen Mittel für den Bau einer Kirche.

Nach der Ordensregel waren sie zur Armut, d.h. zur Besitzlosigkeit, verpflichtet, besaßen wenig Liegenschaften und hatten als Bettelmönche ihren Lebensunterhalt zu suchen. Die meisten Lebensmittel mußten von Tür zu Tür gesammelt werden. Dabei wurden, wie im Nekrologium zu lesen ist, zu gewissen Jahreszeiten bestimmte Gaben erbeten — so z.B. Eier vierzehn Tage vor Ostern, Braugetreide Mitte Januar und Mitte April und Talg für die Kerzen im Oktober. Auch mußte das Kloster sich wegen der langen Fastenzeit ausreichend mit Heringen versehen. Es ist daher anzunehmen, daß die Mönche für die Fischer vor dem Auflaufen der Fischereiflotte die Abschiedsmesse lasen und dafür ihren Anteil am Fang erhielten.

Die Dinge ihres täglichen Bedarfs sammelten die Franziskaner nicht nur in Bremen, sondern ebenso in benachbarten Ortschaften. Das Sammeln außerhalb der Stadt wurde mit „terminieren“ bezeichnet. Die ent-

Südfront des Johannisklosters. Die drei Strebepfeiler des Treppengiebels sind auch im Lageplan des Jahres 1832 zu erkennen (vgl. S. 82).

sprechenden auswärtigen Niederlassungen, in denen sich stets einige Mönche aufhielten, hießen „Termineien". Solche besaß das Bremer Kloster z. B. in Oldenburg und in Jever; daß von dort aus auch Seelsorge betrieben wurde, ist wahrscheinlich.

Größere Zuwendungen, die den Tagesbedarf überstiegen, wurden dem Kloster von vielen bremischen Geistlichen, Ratsherren und Bürgern gemacht. So war neben dem Erzbischof Gerhard II. der spätere Erzbischof Johan Rode ein großer Freund des Klosters wie auch die Bürgermeister und Ratsherren Johann Gropelinck, Hinrich Wilde, Eler Breden und viele andere. Diese Wohltäter schenkten dem Kloster Geld für Schuhe und Leinewand, doch auch Lebensmittel in größeren Mengen, selbst Kessel und Kesselhaken. Für alle diese Spenden lasen oder sangen die Brüder Seelenmessen und hielten Memorien.

Allmählich bekamen die Franziskaner in Bremen dann auch liegende Güter, zunächst allerdings nur zur Abrundung des Klosterbezirkes. Später nahmen sie auch andere Grundstücke an, und zwar nun wohl in einem Umfang, der den Rat dagegen einschreiten ließ. Das ständige Sammeln des Unterhalts wurde den Bewohnern der Stadt oft lästig, doch wagte man nicht, sich dagegen aufzulehnen. Um eine weitere Ausdehnung des Bettelns zu verhindern, hatte der Rat schon Ende des 13. Jahrhunderts verordnet, daß keine weiteren Mönchsorden außer den bereits ansässigen Franziskanern und Dominikanern mehr zuziehen und Klöster bauen dürften. Besonders aber sollten ihnen keine Grundstücke mehr verkauft werden.

Das Verhältnis zwischen den Bürgern und den Franziskanern, den „Grauen" Mönchen, war gleichwohl im allgemeinen gut, zumal diese gelegentlich auch als Zeugen bei Vertragsabschlüssen für die Bürger eintraten. Drei solcher Abkommen, die immerhin bis zur Reformation Gültigkeit hatten, bezeugen das gute Einvernehmen:

1443 Die Konvente zu St. Katharinen und St. Johannis kommen mit dem Rat überein, einander ihre Privilegien zu beschützen und erstere, daß sie auch Messe lesen und singen wollen, wenn die Stadt Bremen mit Bann und Interdikt belegt worden sei.

Solche Interdikte — Verbote des Gottesdienstes — waren schnell und aus wenig triftigen Gründen ausgesprochen, nicht zuletzt, weil sich mit ihrer Aufhebung für die höhere Geistlichkeit eine zusätzliche Erwerbsquelle verband, denn Interdikte konnten mit Geld abgekauft werden. So gab Pfingsten 1499 eine Rauferei Anlaß zum Interdikt: Während der Vesper in Unser Lieben Frauen Kirche schlugen sich zwei Jungen die Köpfe entzwei. Dadurch war die Kirche „entwedemet" (entwidmet). Für ihre Neuweihung verlangte der Weihbischof Henrick Rethem 40 Rhein. Gulden. Erzbischof Johan Rode, um Hilfe gebeten gegen diese hohe Forderung, äußerte, man möge soviel nicht ausgeben, und wenn der Weihbischof nicht wolle, dann würde er selbst die Kirche wieder weihen. So gab man dem Weihbischof vier Gulden, und dieser mußte damit zufrieden sein.

1473 verpflichtet sich die Stadt Bremen, eine jährliche Rente (Zinsen) von 50 Bremer Mark dem Kloster der Grauen Mönche zu geben, damit für den Gottesdienst Oblaten und Wein gekauft werden könne.

1517 (im Jahr der Reformation) vermacht der Ratsherr Hinrich Wilde den Grauen Mönchen im St.-Johannis-Kloster 100 Rhein. Gulden und den Schwarzen Mönchen zu St. Katharinen 30 Bremer Mark, damit sie für die jährliche Rente „singende Vigilien" und „singende Seelenmessen" für seine Seele, die seines Vaters und dessen verstorbene Verwandte halten sollen.

Zur Zeit der Reformation ging mit beiden Klöstern eine starke Veränderung vor. Fielen doch die Grauen und die Schwarzen Mönche den Bürgern durch ihre ständige Bettelei oft so lästig, daß sich ihnen nun diese mehr und mehr verschlossen. Die neue Lage zwang

die Mönche dazu, von dem Verkauf des geringen Eigentums zu leben.
1525, als schließlich die Einnahmen für die Vigilien, Memorien und Messen wegfielen, wurde die Lage für die Mönche kritisch. Der Rat zeigte jedoch Verständnis und garantierte ihnen Wohnung und Unterhalt im Kloster auf Lebenszeit. Zwar mußten Güter und Gerätschaften dem Rat dafür übereignet werden, der die zum Kloster gehörenden Grundstücke und Gärten verkaufte oder verpachtete.
1528 wurden beide Klöster geschlossen und den Mönchen aufgegeben, daß sie „sich enthalten sollten ihrer Zeremonien und auch des Messelesens und Stundengebete zu singen".
1531 ließ der Rat das Johanniskloster als Armen- und Krankenhaus einrichten. Da der ehemalige Konvent nur wenig Vermögen besaß, wurden die Einkünfte des St.-Gertruden- und des St.-Jürgen-Hospitals dorthin gelenkt.
Schon früher hatte sich bei dem St.-Johannis-Kloster ein „Sekenhus" befunden, das aber vornehmlich für kranke Mönche gedacht war. Dieses wie auch das St.-Remberti-Hospital wurden nicht von der Stadt, sondern vom Orden selbst unterhalten. Während in St. Remberti Patienten mit ansteckenden Krankheiten aufgenommen wurden, belegte man St. Johannis mit „Unsinnigen und Tollen", wohl nicht zuletzt, weil sich im alten Kloster schon geeignete Räume befanden, nämlich die ehemaligen Wohnzellen der Mönche, kleine Gewölbe oder Buden aus Eichenbohlen mit einer Klappe in der Tür zum Hineinreichen der Speisen. Diese Räume nannte man „Dorenkisten" oder „Basunen", was vielleicht einer Ableitung von dem französischen Wort „Prison" gleichkommt. Daneben waren seit alters her im Kloster Prövener untergebracht, alte oder auch kranke Menschen, die sich hier einkauften; auch Geisteskranke aus vermögenden Familien konnten hier eine Bleibe finden. Insgesamt konnten siebzig bis achtzig Personen untergebracht werden. Auch Geisteskranke aus anderen Städten wurden aufgenommen, zumal, wenn diese Städte ihre Anträge auf Unterbringung damit begründeten, daß sie nicht über geeignete Räume verfügten.
Die letzten Aufzeichnungen über die Bremer Franziskaner stammen aus dem Jahre 1548. Damals sollen die beiden letzten Klosterbrüder, Gerhard Lanckhar und Hermann Schnittecker, noch gelebt haben.
Auch nach der Errichtung eines allgemeinen Krankenhauses in der Neustadt im Jahre 1691 wurde das St.-Johannis-Kloster, das über keine ärztliche Aufsicht verfügte, von selbstzahlenden Geisteskranken in Anspruch genommen.
Die Insassen und Prövener des Klosters wurden auch weiterhin auf dessen Kirchhof bestattet, sofern sie keinen Anspruch auf eine anderweitige Begräbnisstätte hatten.
Der Abbruch des Klosters erfolgte im Jahre 1834. Zwar machten die in ihm wohnenden Mieter einige Schwierigkeiten, da ihnen die Räume bis zum Herbst 1836 vermietet waren; verständlicherweise drängten diese Armen nun auf Entschädigung oder Belassung dieser billigen Wohnungen. Da jedoch der Abbruch bereits zum Festpreis vergeben war, konnte der Abbruchtermin nicht weiter hinausgeschoben werden.
Darüber hinaus war der Abbruch des Klosters auch aus anderen Gründen erwünscht. Schon im Februar 1833 hatte die „Deputation wegen der Cholera" in einem Bericht den Abbruch des alten Gebäudes empfohlen, das ständig überbelegt war, z.T. „von Menschen aus den geringsten Ständen". Es könne dort ein Seuchenherd, so argumentierte man, entstehen, der die Insassen, aber auch die ganze Stadt gefährde; auch sei die Feuergefahr groß. Besser sei es, das ganze, von der Balge durchzogene Gebiet wegen seiner tiefen Lage und die durch die alljährlichen Überschwemmungen feuchten Gebäude zu entfernen und eine „luftige Straße" und ebensolche Wohnungen dort zu schaffen, was dem ganzen, eng bebauten Stadtteil nur zugute käme.
Einen entsprechenden Plan hierfür hatte der Bauinspektor Stamm bereits im Jahre 1832 aufgestellt. Dieser Plan, zu dem auch die Zeichnungen für die Ge-

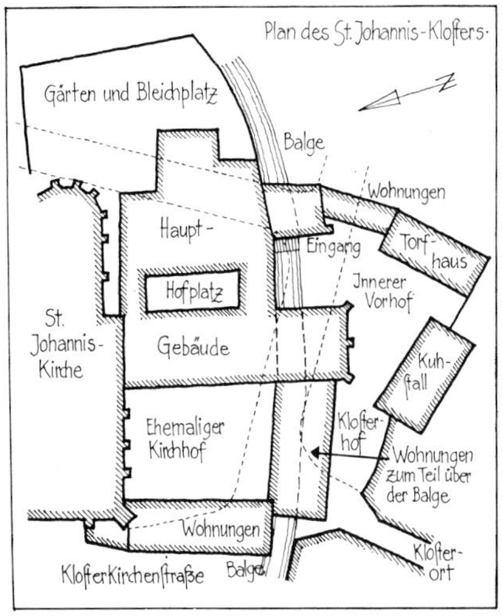

1832:
Der bis zu diesem Jahre gültige Lageplan des Klosters zeigt auch seine Nebengebäude und den Lauf der Balge, die zu dieser Zeit bereits teilweise überbaut war.

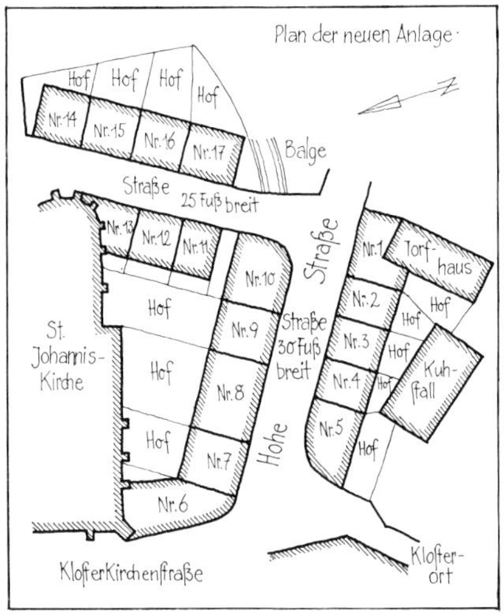

1832 neu:
Bebauungsplan von Bauinspektor Stamm. Torfhaus und Kuhstall des Klosters sind noch erhalten und genutzt. — Durch die Bebauung beiderseits der Hohe Straße wurde die Südseite der Kirche verdeckt.

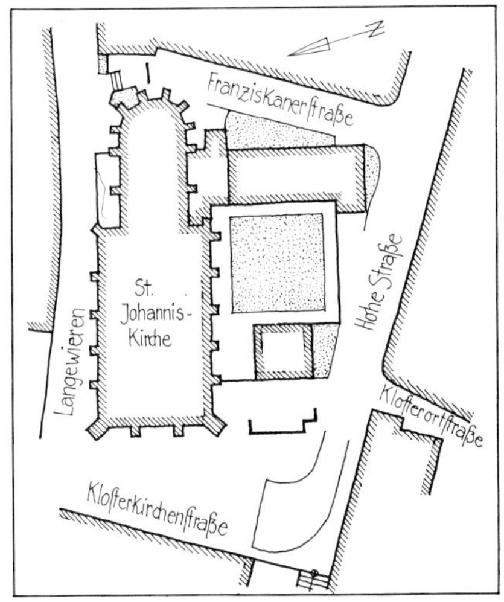

1970:
Die Bebauung gibt den Blick auf die Südwand der Kirche wieder frei (vgl. S. 83).

staltung der neuen Straßenfronten gehören, ist als ein erster Bebauungsplan für die heutige Hohe Straße und die Franziskanerstraße anzusehen. Als unbedingt erforderlich sah man nach diesem Plan, insbesondere aus hygienischen Gründen, die Aufschüttung der Straße um mindestens 15 Fuß an. Das entspricht bei der Länge des bremischen Fußes von etwa 0,289 m einem Maß von rund vier Meter. Diese Planung, die dann auch unter Verwendung des Bauschuttes der Klostergebäude durchgeführt wurde, zeigt, wie tief das ganze Gebiet einst gelegen hat. Die Niveau-Anhebung entspricht immerhin einer Höhe von eineinhalb Stockwerken; sie ist bis auf den heutigen Tag nicht verändert.
Ein weiterer erheblicher Teil des Bauschuttes wurde zum Zuschütten der Balge verwendet.

Der Schriftzug im Pflaster zeigt den ehemaligen Lauf der Klosterbalge.

Die durch die Höherlegung des Fußbodens um 3 m in der St.-Johannis-Kirche entstandenen Räume haben bis in die Gegenwart hinein als Lager- und Abstellräume und als Fahrradkeller für die Schüler der St.-Johannis-Schule gedient, auch war darin die Heizungsanlage der Kirche installiert.

Nach längeren Überlegungen und als die nötigen Mittel vorhanden waren, ist aus dem Kellerraum in einjähriger Bauzeit eine Krypta entstanden, eingeweiht am 13. Juni 1992, die in ihrer Schlichtheit auf die Besucher einen tiefen Eindruck macht. Dazu tragen bei die weißgeschlämmten Wände, die die Struktur des alten Mauerwerks durchscheinen lassen, ebenso auch das kräftige Gewölbe und ein kunstvoll handgeschmiedetes Gitter, die schlichte Bestuhlung, auf den Altar ausgerichtet, und die gebrannten Tonplatten des Fußbodens. Sie ähneln denen zur Bauzeit der Kirche verwendeten Fußbodenplatten, die vor rund fünfzig Jahren noch teilweise vorhanden waren. Taktvoll sind die handgearbeiteten Beleuchtungskörper dem Raum angepaßt, Architekt Wilhelm Teckentrup.

Zwei Erinnerungsstücke sind besonders zu erwähnen: Eine Sandsteinfigur des hl. Ansgar, Apostel des Nordens, des ersten Bischofs von Hamburg seit dem Jahre 831, der 845 vor den Normannen nach Bremen flüchtete und hier 865 als erster bremischer Erzbischof starb. Diese ausdrucksvolle Figur, in einer Nische aufgestellt, wurde im Jahre 1877 von dem Bildhauer Heinrich Fleige, Münster, geschaffen. Wer diese Figur in Auftrag gegeben hat und wo sie außen an welchem Gebäude stand, denn sie zeigte vor ihrer Restaurierung Verwitterungsschäden und auch Spuren von Teer, konnte bis jetzt ebensowenig festgestellt werden wie und wann sie in den Besitz der St.-Johannis-Kirche gelangt ist.

Ferner ist an einer Wand der Rest eines Gedenksteines aus Sandstein angebracht, auf dem der Name „Freiherr Vrintz von Treuenfeld" eingemeißelt ist. Er soll das Andenken an diese adlige Familie bewahren, die als Kaiserliche Kommissare, ab 1654 als einflußreichere Residenten mit dem Titel Kaiserlicher Reichshofrat in Bremen die Interessen des Kaisers in Wien wahrzunehmen hatten. Als Österreicher katholisch, gestatteten sie den wenigen Katholiken in Bremen, um 1700 etwa 320 Seelen, die Teilnahme am katholischen Gottesdienst in der Hauskapelle ihres Amtssitzes, dem „Eschenhof".

Der „Eschenhof", dessen Portal erhalten ist, befand sich an der Stelle, an der heute der Erweiterungsbau des Postamtes 1 an der Domsheide steht.

Das Eschenhof-Portal, Domsheide.

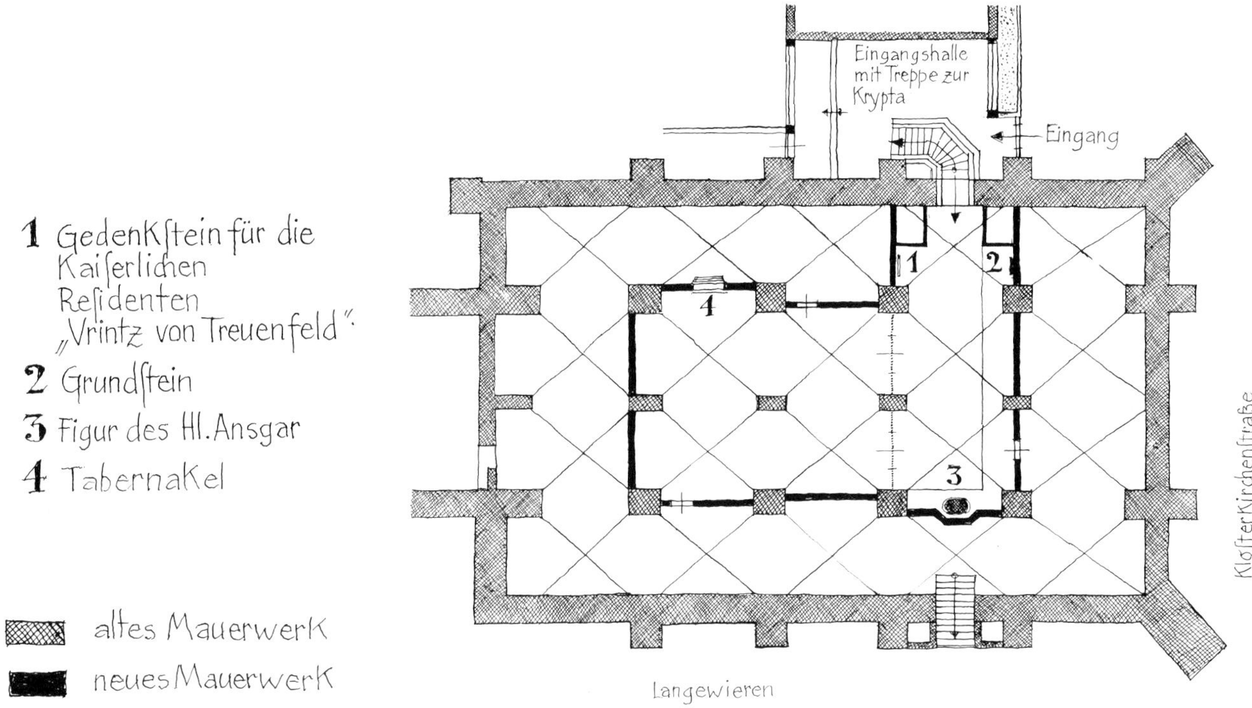

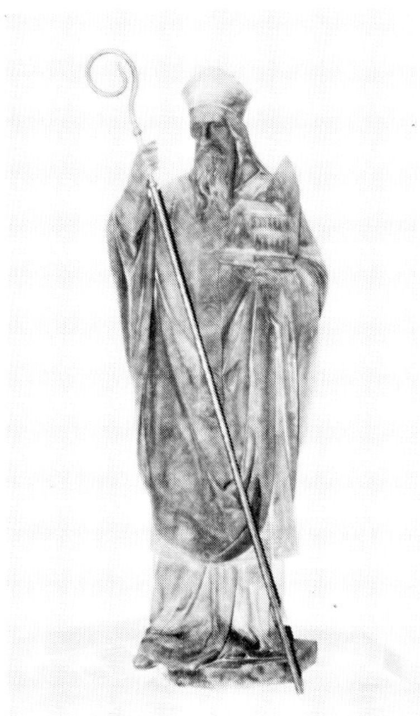

Der hl. Ansgar.

Die neue Krypta in der Propsteikirche St. Johann.

Dieser Stein, ein Gewölberippenstein, stammt aus den (Keller-?) Gewölben des südwärtigen Seitenflügels des Johannisklosters, unter dem die Balge hindurchfloß und der über die heutige Hohe Straße hinwegreichte. Er wurde bei den Ausschachtungsarbeiten für den Bau des neuen Schwesternhauses an der Nordseite der Hohen Straße gefunden.
Das Fundstück ist mit einer Anzahl ähnlicher Steine sichergestellt worden.

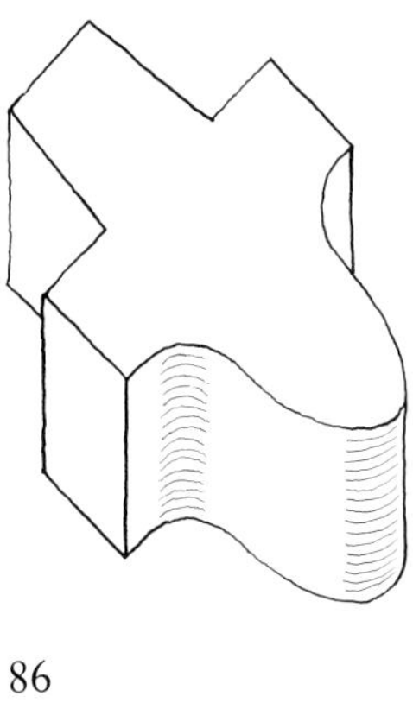

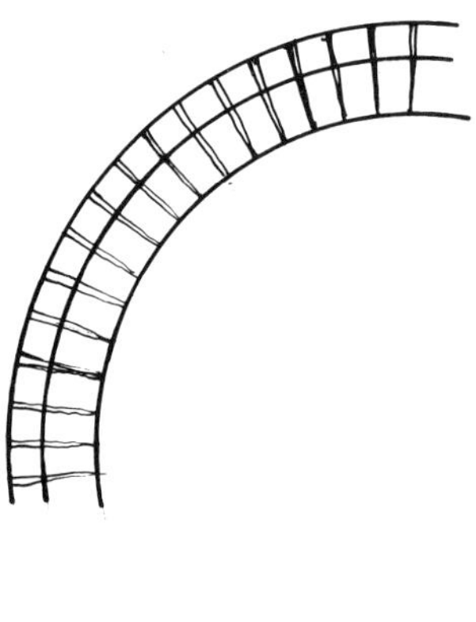

Innenraum des Johannisklosters (Zeichnung von H. Rauschenberg, 1834). Die Abbildung zeigt die Struktur der Gewölberippen, die auf den Pfeilern und Wandkonsolen ruhen.

Hausgrundrisse im Schnoor-Viertel

Seit der Zeit des Mittelalters zeigt die Entwicklung des Wohnhausbaues im *Schnoor* ein ziemlich gleichmäßiges Bild. Dies trifft ebenso und ganz allgemein für die niederdeutschen Küstengebiete an der Nord- und Ostsee zu. Die schlichten Häuser der Handwerker wie die aufwendiger gestalteten der Patrizier zeigen nicht nur im Äußeren, sondern auch in ihrem Grundriß eine Anzahl von Gemeinsamkeiten, die einen inneren Zusammenhang erkennen und somit auf den gleichen Ursprung schließen lassen.

Ob die Ansicht zutrifft, daß das niedersächsische Bauernhaus den Ursprung dieser Entwicklung darstellt, scheint — wenn überhaupt — nur für solche Gebiete zuzutreffen, in denen es vorkommt. Es ist nicht zu leugnen, daß auch die mittelalterlichen Städte bereits „Ballungszentren" darstellten. Dem Schutzbedürfnis der Einwohner wie ihrem Kommunikationsstreben schlechthin entspricht das Zusammenrücken auf engem Raum. Die dadurch bedingten vielen kleinen und kleinsten Grundstücke lassen ganz zwangsläufig die räumlich großzügige Entfaltung des Bauernhaus-Grundrisses gar nicht zu. So mußte für die aneinander oder nebeneinander gebauten Stadthäuser eine Grundrißlösung gefunden werden, die eine ausreichende, natürliche Belichtung der Räume von der Straßen- und der Hofseite garantierte.

Wohnhäuser aus der Zeit vor dem Ende des 14. Jahrhunderts sind in Bremen seit langem nicht mehr vorhanden. Erst für Bauten aus der Zeit des 15. Jahrhunderts sind genauere Beobachtungen möglich.

Breitgelagerte Bürgerhäuser, teilweise mit seitlichen Bauwichen, wiesen andere, d. h. aufwendigere Grundrisse auf als die Häuser kleiner Bürger und Handwerker. Das Bremer Bürgerhaus zeigte aber bereits seit dieser Zeit einen Grundriß, der einem bestimmten Typ entspricht. Abwandlungen erfolgten lediglich nach Lage und Größe der Grundstücke und nur in der Anordnung einzelner Räume.

Die Diele bildete, wie beim Bauernhaus, den Hauptraum der Grundrißentwicklung. Sie ging in vielen Fällen durch zwei Stockwerke. Das Obergeschoß wurde von einer Galerie umgeben, von der aus die oberen Räume zu erreichen waren; zu der Galerie führte eine Treppe hinauf. Die Diele lag bei sehr vielen kleinen Häusern an der Straßenfront, bei den größeren Häusern an der Rückseite.

Ein Grund für die Höhe der Diele mag sein, daß diese die Schaffung eines hohen Fensters mit weitem Lichteinfall zuließ. Gegen 1800 wird die Diele allmählich zum Flur.

Die Diele, der zentrale Raum des Hauses, diente den verschiedensten Zwecken und wurde daher so geräumig wie möglich angelegt. Oft war sie Wohnraum, seltener zugleich Küche. Ihre Feuerstelle war oft, besonders im Winter, die einzige Wärmequelle im Haus und damit der Sammelpunkt aller Bewohner. Dem entsprach ihre oft ansehnliche Ausstattung durch den Fliesenbelag des Fußbodens, durch Delfter Wandkacheln und durch eine künstlerisch gestaltete Treppe.

Diese Treppe, ihre Lage und Gestaltung, wurde mit der Zeit gelegentlich so beherrschend, daß sie sich allmählich zum repräsentativen Mittelpunkt des Hauses entwickelte und einen wesentlichen architektonischen Bestandteil der Diele selbst bildete. Ihre Konstruktion entwickelte sich von der ursprünglich üblichen Form der Wendeltreppe mit Blockstufen und mittlerer Spindel über die geradläufige oder ein- bis zweimal gewendelte Treppe mit Vollwangen von etwa Geländerhöhe bis zur heute üblichen Art, bei der allein die Wange trägt; auf sie ist das Geländer aufgesetzt, das entweder aus Stäben besteht oder, vollwandig, mit Rahmen und

Die Breite der in alter Form erneuerten Treppe ist bedingt durch die geringe Flurbreite des um 1820 erbauten Hauses. Im oberen Drittel ist sie gewendelt.

Breite Treppe mit Zwischenpodest in einem ehemals bürgerlichen Wohnhaus von 1820. Stockwerkshöhe und Anordnung ermöglichten die Anlage des repräsentativen Aufgangs.

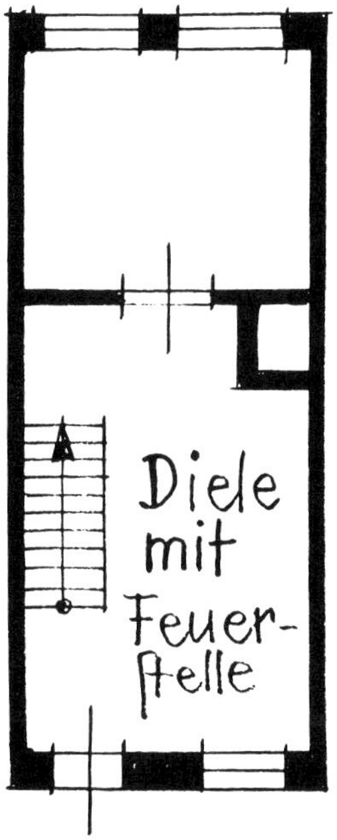

Hinter der Balge 9 u. 5/7

Hinter der Balge 4, 1815

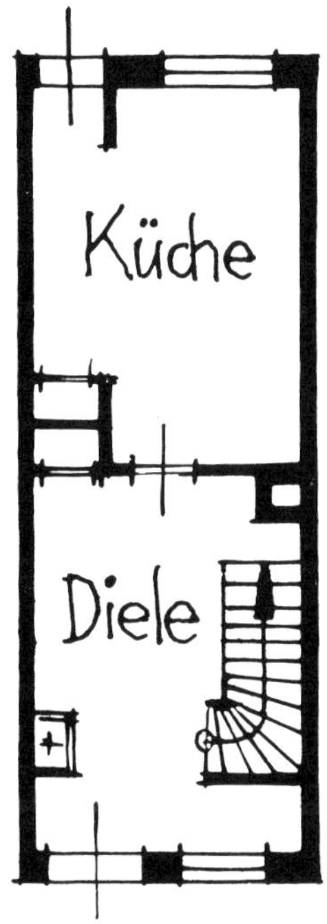

Wüstestätte 7, um 1800

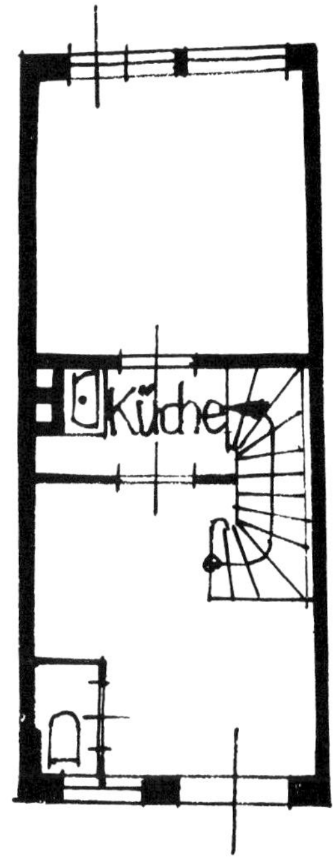

Wüstestätte 9, um 1800

Füllung und in beiden Fällen mit oberem Handlauf ausgebildet ist.
Bemerkenswert sind auch die — besonders in Bremen beobachteten — reichgeschnitzten, durchbrochenen Füllungen der Geländer, die Rankenwerk, teilweise in sehr üppigen Formen, zeigten. Hiervon sind jedoch im Schnoor-Viertel keine Beispiele mehr erhalten.
Die Lage der Feuerstätte, später bei mehrgeschossigen Häusern der Schornstein, richtete sich vornehmlich nach dem Standort der Küche, die in manchen Häusern an der Straßenseite lag, in anderen nur ein fensterloses Gemach hinter dem straßenseitig liegenden Vorderzimmer war, das als Wohnzimmer diente.
Bei vergrößertem Raumbedarf, jedoch schmaler Straßenfront entwickelte sich ein Grundriß, der die Tiefe der Grundstücke ausnutzte durch ebenso tief gestaffelte Bauweise. Hier ergaben sich dann weitere, seitlich gelegene fensterlose Räume. Wenn es die Größe und Weite der Grundstücke jedoch zuließ, hatten die Häuser einen schmalen rückwärtigen Anbau, der sein Licht von der Seite her erhielt.
In manchen Fällen, besonders bei den Häusern der Kaufleute, begann über dem Erdgeschoß, zumindest aber über dem 1. Obergeschoß, die Reihe der Lagerböden, die sich bis in die Höhe des Firstes hinauf ausdehnten. Auf solche Lagerstätten konnte erst verzichtet werden, als die Menge der gelagerten Ware eigene Speicherbauten notwendig gemacht hatte. Der frei werdende Raum machte nun eine bessere Ausnutzung der Häuser für Wohnzwecke möglich.
Typisch für den Bremer Hausgrundriß sind die als „Ausluchten“ bezeichneten zweigeschossigen Vorbauten, die den straßenseitig gelegenen Räumen im Erd- und Obergeschoß mehr Licht brachten und die — im Gegensatz zu den aus den Obergeschossen vorkragenden Erkern — stets auf dem Erdboden standen. Zahlreiche Häuser wiesen eine oder zwei oft sehr reich gestaltete Ausluchten auf. Sie waren später allerdings

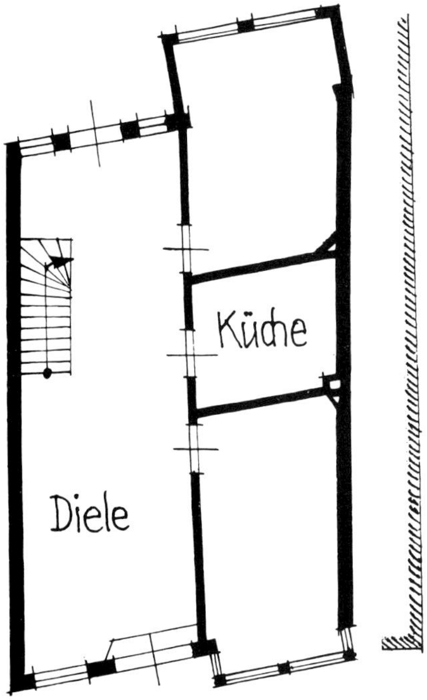

Schnoor 9, Erdgeschoß

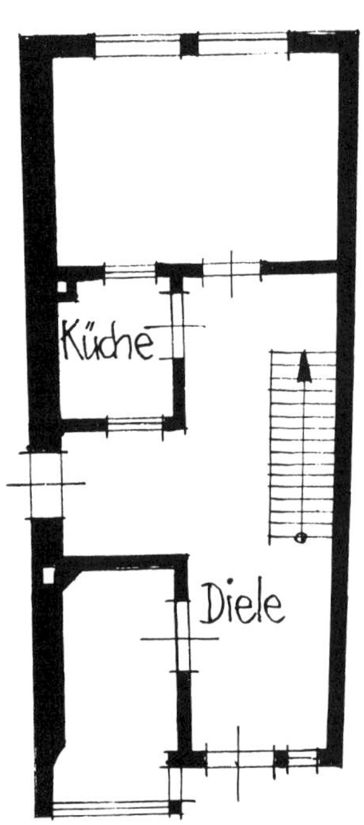

Schnoor 11, Erdgeschoß

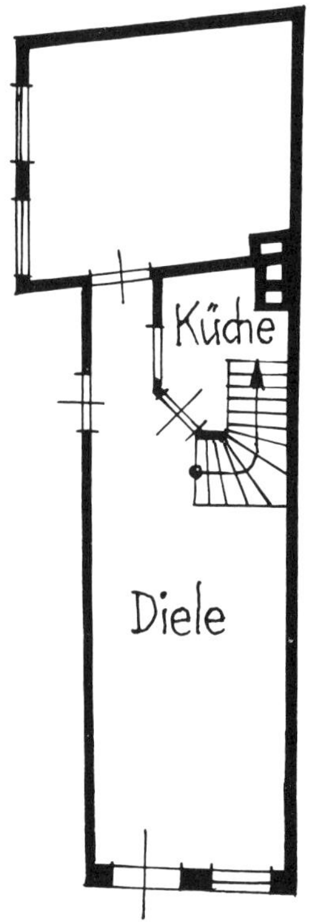

Schnoor 5, Erdgeschoß

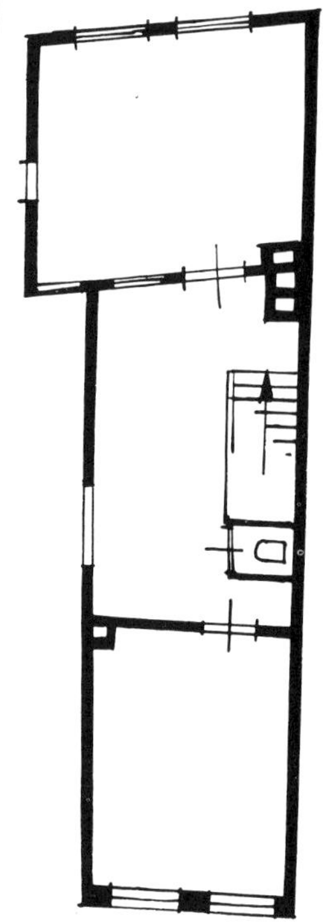

Schnoor 5, 1. Obergeschoß

dem mehr und mehr anwachsenden Verkehr, besonders in den schmalen Straßen, hinderlich und wurden nach Möglichkeit ebenso entfernt wie die Stufen vor den Haustüren.

Als insbesondere nach der Aufhebung der Torsperren 1848 die Stadt sich nach vielen Seiten hin ausdehnte und die Bürger aus der Enge der Altstadt in die neuen Vorstädte zogen, wurden manche Wohnhäuser in der Altstadt vollends zu Pack- und Lagerhäusern umgebaut. Der aus diesem Grunde erforderliche innere Umbau nahm ihnen, besonders im Grundriß, ihre Ursprünglichkeit.

Von den beschriebenen typischen Grundrissen fanden sich im Schnoor-Viertel nur noch die dargestellten Beispiele. Fast alle aber sind in ihrer ursprünglichen Form durch Ein- oder Umbauten verändert worden.

Die im allgemeinen kleinen Grundstücke im *Schnoor* ließen das Entstehen größerer Bürgerhäuser kaum zu, bis auf die aus älterer Zeit erhalten gebliebenen Bauten wie Schnoor Nr. 16, Schnoor Nr. 17 und Marterburg Nr. 28. Diese besitzen eine größere Höhe und weisen gegenüber den anderen, durchgehend zweigeschossigen Häusern mindestens drei Vollgeschosse auf.

In späterer Zeit, nach 1800, sind dreigeschossige Bauten auch und besonders an der Südseite der Kolpingstraße und — nach Abbruch des St.-Johannis-Klosters — an der Hohe Straße entstanden.

Die Bedeutung des Stavendamms als einer Straße ver-

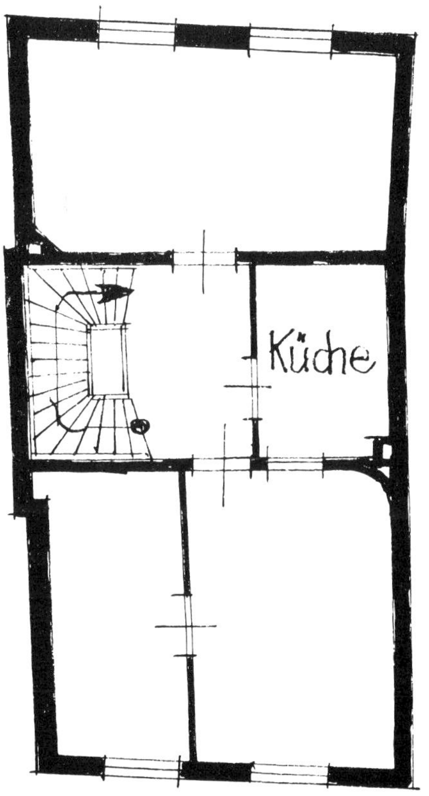

Am Landherrnamt 8, 1. Obergeschoß

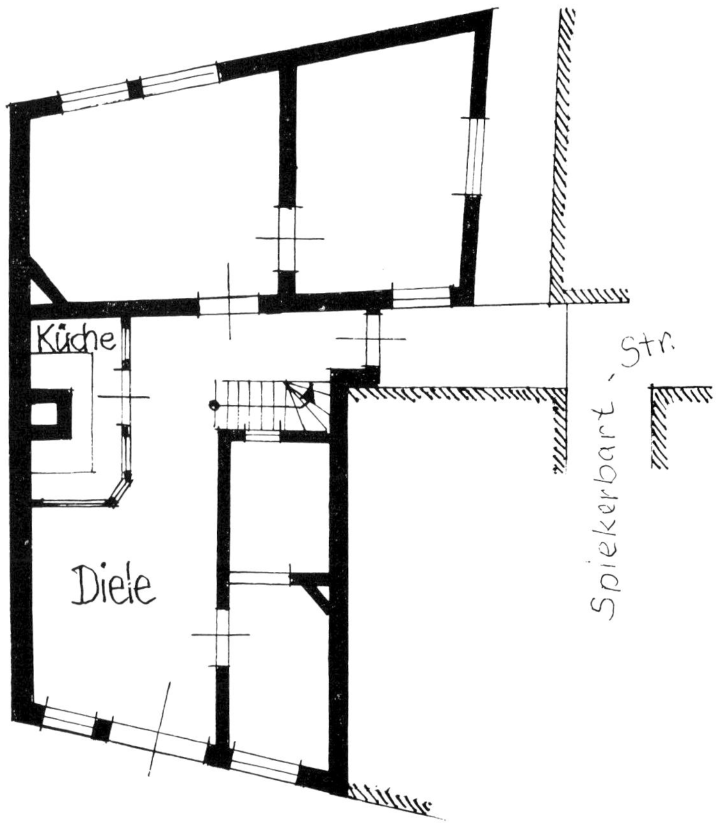

Marterburg 28, Erdgeschoß, siehe auch S. 165.

hältnismäßig wohlhabender Anwohner wird durch die dreigeschossige Bebauung, besonders an seiner Ostseite, unterstrichen. Stavendamm und Marterburg liegen schon am Rande des Schnoor-Viertels, wo ein größerer Grundstückszuschnitt eher möglich war.
Nach erfolgter Kanalisierung des *Schnoor* wurden ab 1905 die Toiletten möglichst innerhalb der Häuser neu angelegt; die bisher dafür erforderlichen Nebenbauten auf den Höfen dienten, soweit sie bestehen blieben, nun meist als Abstellräume. Die Klarheit der Hausgrundrisse wurde vielfach durch die nun notwendig gewordene Unterbringung der Toiletten beeinträchtigt; sofern das unter Treppenläufen geschah, ergaben sich lediglich geringfügige Veränderungen. Nach der bremischen Bauordnung waren auch Toiletten innerhalb der Häuser ohne direkte Belichtung und Belüftung zulässig, sofern sie in ausreichendem Maße mit Entlüftungsvorrichtungen versehen werden konnten. Von dieser Möglichkeit ist im *Schnoor* in vielen Fällen Gebrauch gemacht worden.
Die Gesamtentwicklung des bremischen Wohnhausgrundrisses hat sich für die Frontgestaltung im *Schnoor* nicht anders vollzogen als in der ganzen Altstadt. Wenn hier auch nur wenige große Häuser erhalten geblieben sind, so läßt sich doch aus den erhaltenen Grundrissen kleinbürgerlicher Häuser ablesen, daß der architektonische Grundtyp des bremischen Hausgrundrisses nachgewiesen werden kann.

Hinter der Balge – 1870.

Rekonstruktion der Straßen-Nordseite nach alten Fotos und Bauzeichnungen. Die Sockelhöhe mit Stufen vor den Haustüren vermittelt den Höheneindruck der Häuser vor der Kanalisierung.

Hinter der Balge – 1970.

Die Nordseite der Straße heute. Das rechte Endhaus ist wegen Baufälligkeit abgebrochen worden. Außerdem wurde der gewonnene Platz für die Verbreiterung der Marterburg benötigt.

Hinter der Balge

Durch den Abbruch des dreigeschossigen Hauses Ecke Marterburg/Hinter der Balge konnte die Straße Marterburg verbreitert werden. Das jetzige Gesamtbild der Straße.

Hinter der Balge 10

Das geräumige Endhaus der Häuserreihe an der Nordseite der Straße Hinter der Balge wurde um 1600 in Fachwerk errichtet. Imposant ist sein hoher, spitzer Giebel, der die Mehrgeschossigkeit des Hauses erkennen läßt. Der um etwa 2 m höher liegende Garten des Nachbarhauses (an der Kolpingstraße), im Vordergrund, wird durch eine Futtermauer gegen den Hof von Nr. 10 abgefangen.

Rechts: Bei der Instandsetzung wurden das Fachwerk freigelegt, ergänzt oder erneuert und neue Fenster eingebaut, die den Maßstab des Hauses noch unterstreichen.

Häusergruppen und Einzelbauten im Schnoor-Viertel

Hier trifft alt und neu hart aufeinander: der moderne Regenschutz aus Plexiglas als Autounterstand und das um das Jahr 1600 erbaute zweigeschossige Traufenhaus in Fachwerk, eines der ältesten dieser Art im *Schnoor*. Seine Instandsetzung ist erfolgt, sie hat ein weiteres Stück Vergangenheit in die Gegenwart zurückgeholt.

Eine voll durchgehende Straßenbreite erforderten auch die beiden letzten großen Speicher der Altstadt: Wüstestätte Nr. 10 und Nr. 11. Beide Packhäuser weisen bzw. wiesen an ihren Ostgiebeln — zur Wüstestätte hin — Zugänge auf, zu denen eine Zufahrt möglich gewesen sein muß. In späteren Jahren versperrten zwei Fachwerkhäuser den Weg zum Tor des Speichers Wüstestätte Nr. 11; es wurde kurzerhand zugemauert.

Die Speicher haben heute neue und andere Zugänge erhalten; der südliche weist eine seitliche Zufahrt auf; das Grundstück, auf dem der nördliche steht, grenzt an den Stavendamm, so daß von dort ungehinderter, freier Zugang möglich ist.

Beim Aufmessen des Hauses Wüstestätte Nr. 1 wurde festgestellt, daß die Westfront des Nachbarhauses Hinter der Holzpforte Nr. 3 zumindest im oberen Teil sauber verfugtes Mauerwerk aus Klosterformatsteinen aufwies. Das läßt darauf schließen, daß auch diese Front früher freigelegen hat.

Selbst die beiden Rokoko-Giebel der Häuser Schnoor Nr. 11 und Hinter der Holzpforte Nr. 20 lassen vermuten, daß sie einst eine durchgehend breite Straße begrenzten. Die Ausluchten dieser beiden Häuser dürften den Straßenraum besonders wirkungsvoll abgeschlossen haben. Außerdem sind diese so angeordnet, daß sie einander gegenüberliegen und jede von der anderen aus zu sehen ist. Das trat bei der Wiederherstellung der beiden Fachwerkhäuser Wüstestätte Nr. 1 und Schnoor Nr. 36 deutlich in Erscheinung. Als ihre schadhaften Gefache während der Restaurierungsarbeiten herausgenommen worden waren, wurden Durchblicke durch die Holzkonstruktion möglich, welche die besagten Rokoko-Fronten in ihrer vollen Bedeutung zur Wirkung kommen ließen.

Wenn die Angaben des Eigentümers des Hauses Hinter der Holzpforte Nr. 3 zutreffen, war dieses Haus hier als eines der ersten errichtet worden. Der hinter ihm gelegene größere Garten könnte der Straße sogar eine größere, platzartige Erweiterung zum Schnoor hin gegeben haben. Dann wären die Häuser Wüstestätte Nr. 2, 3 und 4 und Schnoor Nr. 37 später auf dem Gelände dieses Gartens errichtet worden, der bis zum Schnoor gereicht haben muß, zumal auch die Westfront des Hauses Schnoor Nr. 38 früher Fenster aufwies.

Das Haus Hinter der Holzpforte Nr. 3 hätte — etwa 1750 — außerdem wohl nicht gerade seine reich gestaltete Nordostfront mit den Sandsteinumrahmungen der nun zugemauerten Fenster und der Haustür zu einem Garten hin aufgewiesen. Sie war fraglos die Hauptfront dieses Hauses, zumal die Front zur Holzpforte hin sehr viel schlichter gehalten ist.

Schnoor, Blick nach Osten

Bis auf die heute geschlossene Baulücke ähneln sich die beiden Bilder fast völlig. Die Wiederbelebung des Schnoorviertels hatte an dem gewohnten Bild der Straße und seiner einmaligen Atmosphäre kaum eine Änderung entstehen lassen.
Die Straße ist heute Fußgängerzone; die bewußt belassenen Bordkanten unterstreichen die Perspektive des Straßenraumes.

20 19 18 17

Schnoor 20 bis 17

Häusergruppe Schnoor Nr. 20 bis Nr. 17 nach ihrer Wiederherstellung.
Die Häuser Nr. 19 bis Nr. 17 sind, wie Nr. 20, ursprünglich ebenfalls eingeschossig gewesen. Nr. 18 ist als erstes Haus dieser Gruppe zweigeschossig neu erbaut worden: An seiner linken Längsseite im ersten Obergeschoß befanden sich Fensteröffnungen gleicher Art wie an der Vorderfront. Sie sind bei dem Bau des Hauses Nr. 19 zugemauert worden.
Das früher eingeschossige Haus Nr. 17 (Zeichnung Rutenberg) zeigt Türumrahmung, Sohlbank und Sturzgesimse der Fenster aus Sandstein.
Fachwerkgiebel.
Die Türumrahmung ist in den Seitengewänden noch erhalten (s. o.), ebenso die Brüstungsfläche unter dem heutigen Schaufenster. Die Darstellung der Fensterflächen läßt auf die seinerzeit übliche Bleiverglasung schließen. Die Aufstockung erfolgte im Jahre 1815.
1886 war der jetzige Laden der Schankraum einer Branntweinbrennerei.

Schnoor 21 und 22

Die beiden Nebengebäude, zu einer im Blockinneren liegenden Brotfabrik gehörig, dienten als Lager und Stallung. Beide Gebäude wurden aufgestockt, im linken ist das „Schnoor-Archiv" untergebracht, das, von Herrn Wolfgang Loose und dem Verfasser dieses Bandes zusammengetragen, alle Veröffentlichungen über den Schnoor bis heute enthält.

Schnoor 18 und 17

Das Haus Nr. 18 zeigt Anklänge an die Zeit seiner Erbauung am Ende des 18. Jahrhunderts: Gesimse in der Front und über den später verkleinerten Fenstern und die Fensteranordnung im Giebel können darauf schließen lassen.

Das Haus Nr. 17, Ecke Süsterstraße, wurde um 1750 eingeschossig errichtet und 1815 zur heutigen Höhe aufgestockt. Bei der Instandsetzung wurden die Sandsteinteile beider Häuser ergänzt. Ihre bisherige Erscheinung blieb gewahrt.
Unter dem Gesims ist der Spruch aufgemalt:
Von't Spor'n un Wohr'n kumm't Hebben von her.

Schnoor 16

Die Gestaltung des unverputzten Giebeldreiecks an der Hoffront mit rundbogig geschlossenen Fenstern, die durch Stürze mit den für jene Zeit typischen Regenleisten in Form von heraussstehenden Ziegelflachschichten überwölbt sind, zeigt verwandte Züge zu dem Nachbarhaus Nr. 15 (vgl. S. 102). Das Sandsteingewände der Haustür ist entsprechend der eingemeißelten Jahreszahl eine Zutat aus dem Jahre 1738. Nach dem Bremer Adreßbuch für das Jahr 1830 wohnten in dem Haus 6 Parteien. Ursprünglich als Haus eines Kaufmanns mit Pack- oder Lagerböden errichtet, wies es an seiner Westfront keine Fenster auf. An dieser Seite bestand bis zum Durchbruch der Süster-, früher Blumenstraße von der Kolping-, früher Gartenstraße her bis zum Schnoor ein ähnliches Gebäude in Breite der Süsterstraße. Erst nach dessen Abbruch verfügte der Eigentümer von Nr. 16 über eine freiliegende Westfront, die nun erst den Einbau von Fenstern und die Nutzung des Gebäudes als Wohnhaus ermöglichte.

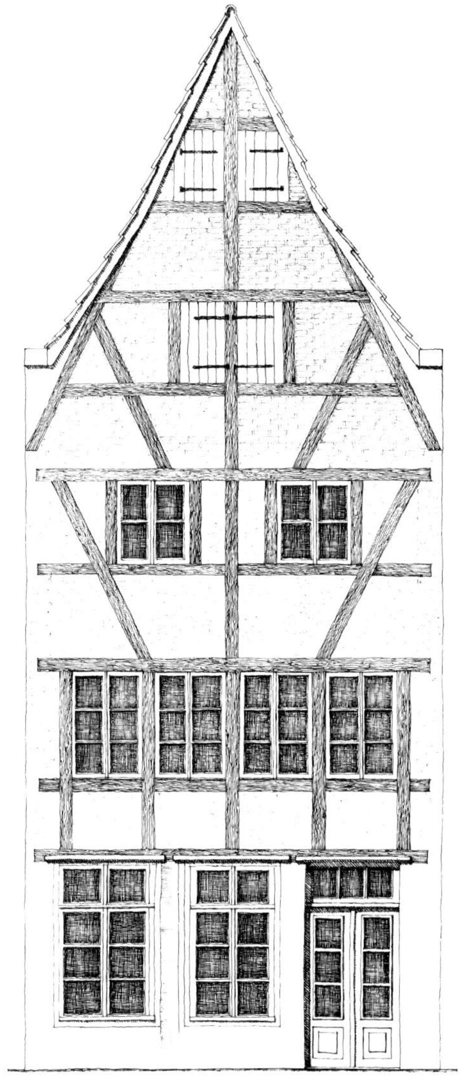

Schnoor 15

Das Haus wurde 1512 erbaut. Im ersten Obergeschoß sind im Wohnzimmer noch Reste einer Malerei an der Holzdecke erhalten, ebenso die Jahreszahl 1512. Die Deckenmalerei in Schwarz, Grau und Weiß zeigt Ähnlichkeit mit der Deckenmalerei im Haus Blomendal (Bremen-Nord).

Das große Kaufmannshaus wies früher eine zweigeschossige Diele auf. Die Decke über dem heutigen Erdgeschoß ist erst im Jahre 1859 eingezogen worden. Der Aufzug für die Packböden hatte sich im Inneren des Hauses befunden.

Schnoor 13 und 12

In dem Haus, erbaut um 1600, befand sich früher eine Tischlerei, heute ein Drehorgelverleih. An der Verdachung über dem mittleren Erdgeschoßfenster ist zu erkennen, daß sich die Haustür früher in der Mitte des Giebels befunden hat.

Schnoor 11

Eine Auslucht — das Wort kommt von „auslugen" —, wie hier am Haus Schnoor Nr. 11, ist ein erkerartiger, zweigeschossiger Vorbau, der auf der Erde steht. Es handelt sich um eine typische Fassadengestaltung, besonders im 16. und 17. Jahrhundert. Sie ist meist nur einseitig, bei breiteren Häusern auch beidseitig vorhanden.

Schnoor 10

Erbaut ab 1780, ist dieses das einzige eingeschossige Giebelhaus im Schnoor.
Der zweigeschossige Hofflügel, im Ober- und Dachgeschoß Fachwerk, wurde später angebaut.
Um 1830 war das Haus im Besitz eines Grützmachers, der im Hofanbau eine Darre zum Trocknen des Hafers betrieb. Zeitweise war in diesem Hause eine Schlachterei untergebracht und im Anbau ein Pferdestall.
Umbau und Instandsetzung ab 1959/60. Der 1903 aufgebrachte dicke Putz der Straßenfront wurde abgeschlagen, um das Mauerwerk des Giebels freizulegen. Es zeigte sich hierbei ein typisch bremischer Giebel mit Entlastungsbögen und Regenleisten. Die Haustür wurde in die Mitte zurückverlegt, wo sie sich bis zu einem Umbau im Jahre 1832 zuvor befand.

Schnoor 9

Kaufbriefe und Lassungsbücher dieses reichverzierten Hauses mit seiner feingegliederten Auslucht und einer für den Schnoor einmaligen Sonnenuhr führen bis auf das Jahr 1796 zurück. Die Umrahmung des obersten Giebelfensters zeigt Anklänge an die Gestaltung des Gewerbehauses, erbaut ab 1618, die Blumengehänge zwischen den Fenstern des 1. Obergeschosses solche an die Brunnensäule des „Kleinen Roland“ in der Neustadt (möglicherweise Wohnhaus eines Bildhauers).

Die Wiederherstellung der Straßenfront beschränkte sich unter Schonung der erwähnten plastischen Teile auf das Aufbringen eines neuen Schlämmputzes, der das Fugennetz erkennen läßt und dadurch den Maßstab des Hauses steigert.
Die nach hinten leicht geneigte Giebelfront ist durch den Einbau einer entsprechenden Konstruktion in ihrer Stellung gehalten. Sie gibt dem Straßenbild hier eine besondere Note.

Schnoor 5 und 4

Nr. 5: Das Fachwerk wurde bei der Instandsetzung freigelegt.
Nr. 4 ist eines der schmalsten Häuser im Schnoor-Viertel.

Schnoor 2, siehe Seiten 111 und 112.

Das Haus Marterburg Nr. 23/22, heute Schnoor Nr. 1, war baufällig und von der Stadt zum Zwecke des Abbruchs erworben worden, damit die im Bebauungsplan festgesetzte Straßenverbreiterung der Marterburg durchgeführt werden konnte, siehe Lageplan (S. 112). Diese Verbreiterung der Straße auf 8 m war auch auf Wunsch der Feuerwehr erfolgt, damit die schweren Löschfahrzeuge im Osten das Schnoor-Viertel möglichst dicht anfahren können.

Der Neubau wurde um einige Meter zurückgenommen, damit hier eine bessere Eckübersicht entstehen konnte. Dadurch wurde für die Giebelfront des Hauses eine besser nutzbare Breite erzielt.
Das Türgewände und seine Verdachung, teilweise ergänzt, wurden ebenso wie die Umrahmung des Bodenfensters und die Giebelbekrönungen aus den Trümmern von Altstadthäusern geborgen und hier wiederverwendet.

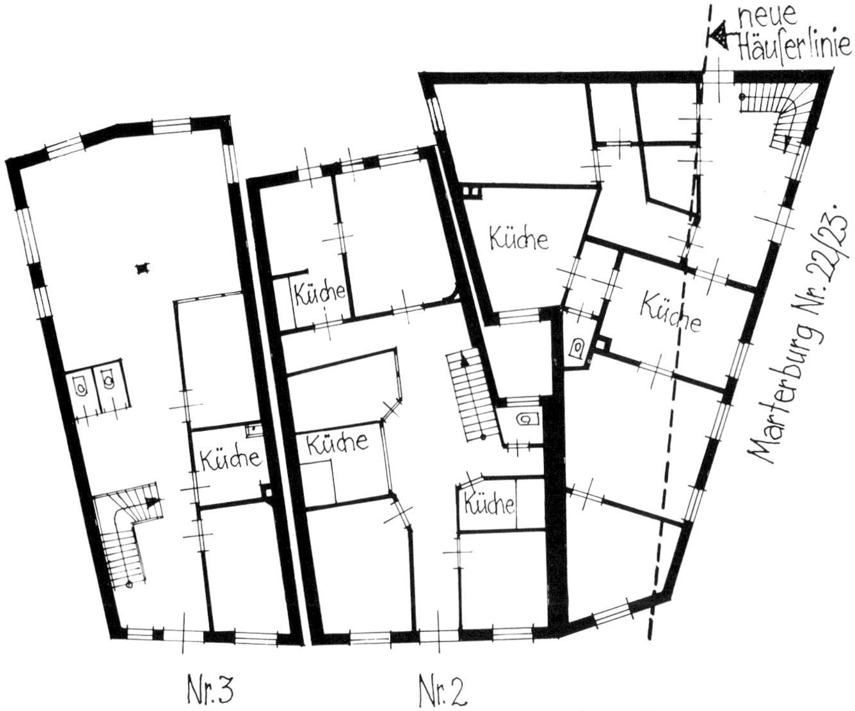

Schnoor 3 - 2
und Marterburg 22/23

Die zusammenhängende Darstellung der Grundrisse dieser drei Häuser zeigt die zwanglos gewachsene Raumstruktur in ihrer ganzen Vielfalt, die dem unregelmäßigen Zuschnitt der Grundstücke entspricht.

Grundrisse der Erdgeschosse vor dem Umbau.

Im hinteren Teil von Schnoor Nr. 3 hatte sich früher ein Pferdestall befunden.

Schnoor 2

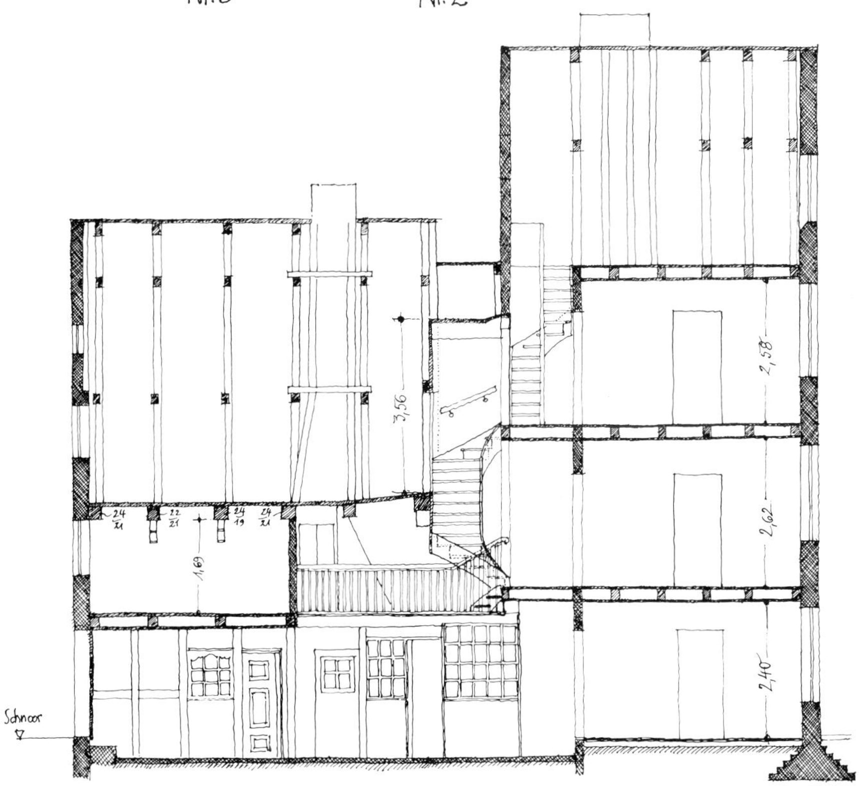

Längsschnitt durch das Haus Schnoor Nr. 2

Die Treppe verbindet den Altbau am Schnoor mit dem ab 1837 errichteten dreigeschossigen Erweiterungsbau des Jakobi-Witwenhauses.

Die bei dem inneren Um- und Ausbau gewahrte Maßstäblichkeit der Räume, die als Gasträume in ihren verschiedenen Größen allen Wünschen und Zwecken gerecht werden, ist von anheimelnder Wirkung ebenso wie die ihnen jeweils angepaßte Ausstattung. Ein besonderer Anziehungspunkt ist eine alte, wiederhergestellte und noch heute benutzte offene Feuerstelle, die einzige ihrer Art im *Schnoor* und in Bremen.

Schnoor 3 - 2 - 1
(früher Schnoor Nr. 3, 2
und Marterburg Nr. 22/23)

Grundrisse der Erdgeschosse nach dem Umbau (unten rechts).

Die Höhenlage der Räume ist unterschiedlich; sie sind durch Stufen verbunden. Dadurch erhält die Raumfolge ihren besonderen Reiz. Oberhalb der offenen Feuerstelle befindet sich ein wiederhergestellter Brunnen.

Die graue Fläche zeigt die Lage des zugeschütteten Wendebeckens der Balge.

Durch die Zurücknahme der Giebelfront rechts ist ein kleiner Vorhof entstanden, der eine bessere Eckübersicht ermöglicht. Der hier erforderliche Eingang wurde durch ein geborgenes Sandsteingewände umrahmt.

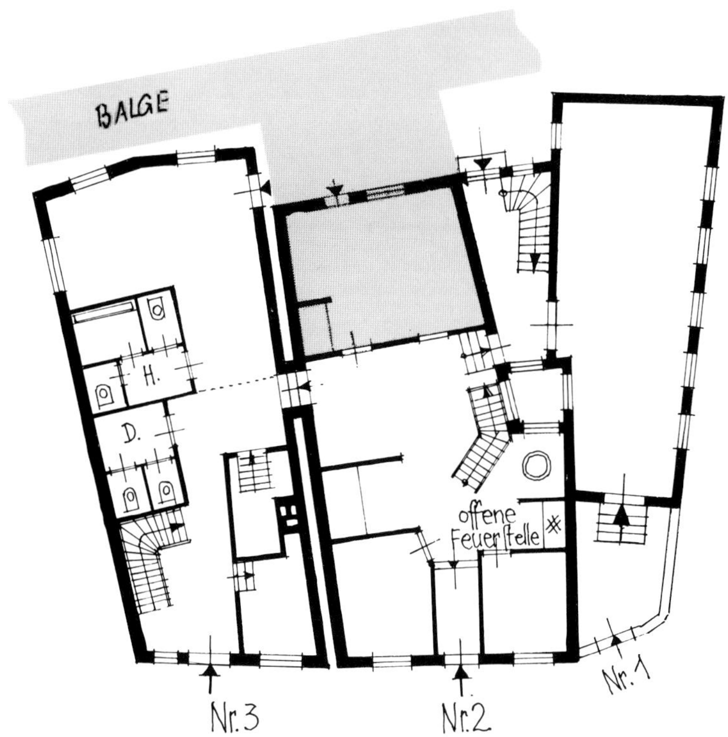

Das Packhaus

Schnoor Nr. 2 (siehe auch S. 109, 111 und 112). Erbaut im 15. Jahrhundert, eines der ältesten Häuser im Schnoor-Viertel. Früher eingeschossiges Packhaus; die alten Ankerbalken in Traufenhöhe sind noch vorhanden. Später diente das Gebäude als Witwenhaus der Jakobi-Gemeinde (Jakobi-Pfarrhaus war das Haus Kolpingstraße Nr. 9).

Durch Einziehen einer Decke wurden der ursprünglich vorhandene hohe Raum unterteilt und dadurch in jedem Geschoß die Einrichtung von Witwenwohnungen möglich.

Nachdem die Balge ab 1837 zugeschüttet worden war, wurde im Anschluß an Schnoor Nr. 2 ein dreigeschossiger Neubau, ebenfalls mit Wohnungen für Witwen, errichtet. Bei den Ausschachtungsarbeiten zur Schaffung eines Kellers unter diesem letztgenannten Haus — erforderlich für den Betrieb der nunmehr hier eingerichteten Gaststätte — wurden hölzerne Seitenspundwände der Balge gefunden, die hier zu einem kleinen Hafen ausgeweitet war. Dadurch war das Vorhandensein des Packhauses begründet.

Da die Schiffe auf der Balge wegen der Stadtmauer nicht ostwärts weitergelangen konnten, mußte zwangsläufig diese Erweiterung der Balge als Wendemöglichkeit für die Wasserfahrzeuge hier geschaffen werden.

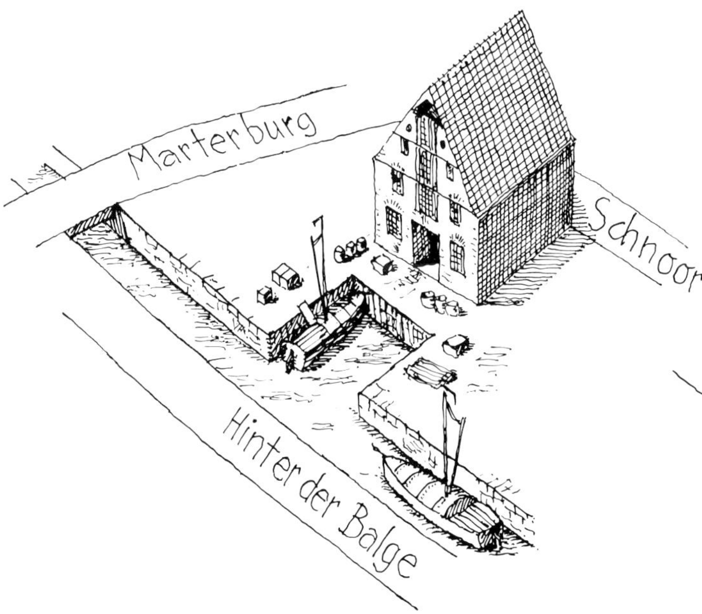

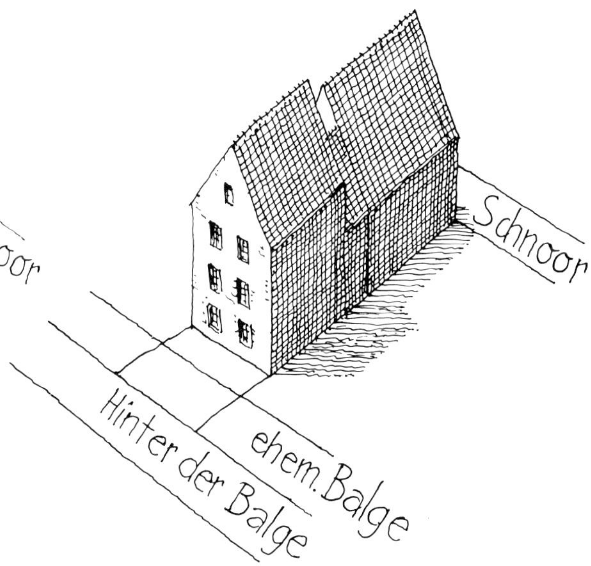

Schnoor 37 und 36

Das dreigeschossige Fachwerkhaus, als solches einmalig im Schnoor, mit Erker im 1. und 2. Obergeschoß und überkragenden Obergeschossen, wurde um 1750 als Kaufmannshaus erbaut. Dafür sprechen auch die Luke und der Windenausleger im Giebel. Das Haus machte einen ungepflegten Eindruck, der Putz war rissig und zum Teil auch schon abgebröckelt.
Das Haus Nr. 36 (rechte Seite) bot einen ähnlich ungepflegten Eindruck und war geraume Zeit vor der Instandsetzung nicht mehr bewohnt.

Besonderer Wert wurde auf die pflegliche Behandlung der seit der Erbauungszeit erhaltenen Haustür, massiv Eiche, gelegt.

Schnoor 37 und 36

Eine geschnitzte Inschrift über dem 1. Obergeschoß erhielt einen rotbraunen Untergrund und wurde vergoldet. Sie lautet:

DER HER BEVAR DIN INGAHN VN VHTGAHN VAN NV AN BET IN EWICHHEIT A

Bei der Instandsetzung wurden der Putz entfernt und das Fachwerk ergänzt und zum Teil erneuert. Durch die Freilegung erhielt das Haus seinen Maßstab wieder. Bei Nr. 36 wurden ebenfalls der Putz entfernt, das Fachwerk freigelegt und, wie auch bei Nr. 37, die Fenster erneuert.
Die beiden Häuser bilden eine einheitlich gestaltete Gruppe, die das Straßenbild in erwünschter Weise belebt. Hierzu trägt auch die Auslucht von Nr. 36 bei. Zwischen den beiden Häusern zweigt die Straße Wüstestätte vom Schnoor ab.

Schnoor 38 und 39

Schnoor Nr. 39 (am linken Bildrand), lt. Inschrift erbaut im Jahre 1631, ist in seiner äußeren Erscheinung und auch im Inneren völlig erhalten geblieben.
Das zweigeschossige Giebelhaus war baufällig und wurde abgebrochen.
Der Neubau ist in Form und Gestalt dem Straßenbild eingefügt. Die Straßenfront des Ladengeschosses wurde mit geborgenen Reststücken zerstörter Häuser der Altstadt verkleidet.

„Wüstestätte" — Vergangenheit und bauliche Entwicklung

Die „Wüstestätte" stellt in ihrem heutigen Zustand einen reizvollen und intimen Straßenraum dar. Seine Länge und Breite stehen in einem wohlabgewogenen Verhältnis zueinander, und hiermit harmoniert auch — abgesehen von den beiden Packhäusern Nr. 10 und Nr. 11 — die Höhe der übrigen Bebauung. Sie besteht aus zweigeschossigen Traufenhäusern von annähernd gleicher Höhe. Die Straßenbreite bewegt sich zwischen drei und fünf Metern.

Die Um- und Neugestaltung der Häuser ist abgeschlossen; sie haben eine neue Zweckbestimmung erhalten.

Die Farbgebung der Häuserfronten wurde hier betont heiter und kontrastreich gehalten, was den kleinen Häusern besonders entsprach. Die reizvoll-intime Raumwirkung wurde dadurch noch gesteigert. Das war um so eher zu vertreten, als die Häuser in ihrer Gestaltung keinerlei architektonischen Zierat aufwiesen.

Die Geschlossenheit des Straßenraumes wird durch die Zugänge am Nord- und Südende nicht beeinträchtigt; sie setzen mit der sehr geringen Breite von nur einem Meter an den Schmalfronten seitlich an und lassen somit kaum Ausblick in andere Straßenräume zu. Der Lageplan verdeutlicht die bauliche Einengung während der letzten zweihundert Jahre (s. S. 118).

Da die Engigkeit dieses Straßenraumes einen Fahrverkehr nicht zuläßt, bietet sich dem Fußgänger die glückliche Gelegenheit zur liebevollen Betrachtung des Platzes in seiner abgeschlossenen Geborgenheit.

Verschiedene Anzeichen weisen darauf hin, daß dieser Raum nicht immer so abgeschlossen war, sondern eine Straße von vier bis fünf Metern Breite sich vom Schnoor bis zur Straße Hinter der Holzpforte zog. Hierauf kann auch aus der Tatsache geschlossen werden, daß die beiden Häuser Wüstestätte Nr. 1 und Schnoor Nr. 36 ohne Unterkellerung im Fachwerkbau errichtet worden sind und somit vielleicht nur als schnell erstellte Notunterkünfte dienten; ebenso war das Haus Hinter der Holzpforte Nr. 4 in Fachwerk errichtet worden, hatte jedoch einen Massivgiebel an der Südseite.

Diese Vermutung wird erhärtet durch die Feststellung, daß die Ostfront des früher eingeschossigen Hauses Schnoor Nr. 35 mit Fenstern versehen war. Fenster wurden auch noch bei der späteren Aufstockung dieses Hauses angelegt. Diese wären, zumindest im Erdgeschoß, nicht vorhanden gewesen, wenn diese Hausfront früher nicht freigelegen hätte.

Eine voll durchgehende Straßenbreite erforderten auch die beiden letzten großen Speicher der Altstadt: Wüstestätte Nr. 10 und Nr. 11. Beide Packhäuser weisen bzw. wiesen an ihren Ostgiebeln — zur Wüstestätte hin — Zugänge auf, zu denen eine Zufahrt möglich gewesen sein mußte. In späteren Jahren versperrten die beiden erwähnten Fachwerkhäuser den Weg zum Tor des Speichers Wüstestätte Nr. 11; es wurde kurzerhand zugemauert.

Die Speicher haben heute neue und andere Zugänge erhalten; der südliche weist eine seitliche Zufahrt auf; das Grundstück, auf dem der nördliche steht, grenzt an den Stavendamm, so daß von dort ungehinderter, freier Zugang möglich ist.

Beim Aufmessen des Hauses Wüstestätte Nr. 1 wurde festgestellt, daß die Westfront des Nachbarhauses Hinter der Holzpforte Nr. 3 zumindest im oberen Teil sauber verfugtes Mauerwerk aus Klosterformatsteinen aufwies. Das läßt darauf schließen, daß auch diese Front früher freigelegen hat.

Selbst die beiden Rokoko-Giebel der Häuser Schnoor Nr. 11 und Hinter der Holzpforte Nr. 20 lassen vermuten, daß sie einst eine durchgehend breite Straße begrenzten. Die Ausluchten dieser beiden Häuser

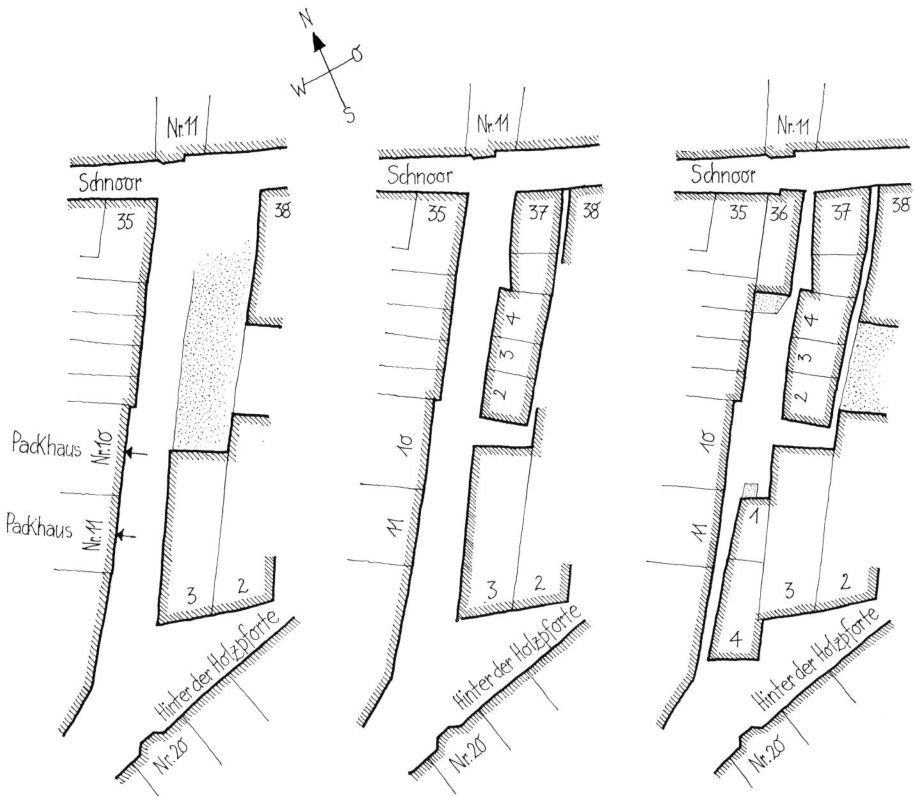

Um 1750 Um 1860 1970

Vor etwa 200 Jahren befand sich zwischen der Straße Schnoor und Hinter der Holzpforte ein ausreichender Freiraum, der in den folgenden Jahren, wie der Lageplan um 1860 zeigt, zunehmend verbaut wurde. Der Wunsch nach weiterer Bebauung engte den verbleibenden Raum durch kleine und kleinste zusätzliche Gebäude immer mehr ein, so daß die „Wüstestätte" im Jahre 1970 ungewollt zu einer romantischen Intimität wurde, die gerade heute dieses Fleckchen zu einem reizvollen Besucherziel macht.

dürften den Straßenraum besonders wirkungsvoll abgeschlossen haben. Außerdem sind diese so angeordnet, daß sie einander gegenüberliegen und jede von der anderen aus zu sehen ist. Das trat bei der Wiederherstellung der beiden Fachwerkhäuser Wüstestätte Nr. 1 und Schnoor Nr. 36 deutlich in Erscheinung. Als ihre schadhaften Gefache während der Restaurierungsarbeiten herausgenommen worden waren, wurden Durchblicke durch die Holzkonstruktion möglich, welche die besagten Rokoko-Fronten in ihrer vollen Bedeutung zur Wirkung kommen ließen (s. Lageplan — um 1860).

Wenn die Angaben des Eigentümers des Hauses Hinter der Holzpforte Nr. 3 zutreffen, war dieses Haus hier als eines der ersten errichtet worden. Der hinter ihm gelegene größere Garten könnte der Straße sogar eine größere, platzartige Erweiterung zum Schnoor hin gegeben haben. Dann wären die Häuser Wüstestätte Nr. 2, 3 und 4 und Schnoor Nr. 37 später auf dem Gelände dieses Gartens errichtet worden, der bis zum Schnoor gereicht haben muß, zumal auch die Westfront des Hauses Schnoor Nr. 38 früher Fenster aufwies (s. Lageplan — um 1750).

Das Haus Hinter der Holzpforte Nr. 3 hätte — etwa 1750 — außerdem wohl nicht gerade seine reich gestaltete Nordostfront mit den Sandsteinumrahmungen der nun zugemauerten Fenster und der Haustür zu einem Garten hin aufgewiesen. Sie war fraglos die Hauptfront dieses Hauses, zumal die Front zur Holzpforte hin sehr viel schlichter gehalten ist.

Wüstestätte 1
Hinter der Holzpforte 4

Die rechte Seite des Hauses Wüstestätte Nr. 1 und die linke Seite des Hauses Hinter der Holzpforte Nr. 4 wiesen früher eine zusammenhängende einheitlich in Fachwerk errichtete Nordwestfront auf. Heute ist nur die Nordwestfront vom Haus Wüstestätte Nr. 1 in Fachwerk wiederhergestellt.

Schnoor Nr. 35

Die nebenstehende Rekonstruktion zeigt den eingeschossigen Zustand vom Haus Schnoor Nr. 35. In der Seitenfront zur Wüstestätte hin waren Fenster vorhanden. Die Giebelansicht lag am Schnoor.

Die untere Zeichnung zeigt das Gebäude nach der Aufstockung. In der Seitenfront konnten ebenfalls Fenster angelegt werden, aber sie entfielen dann durch den Anbau von Schnoor Nr. 36, bei dessen Instandsetzung die Fenster beider Geschosse entdeckt und aufgemessen wurden.

Hinter der Holzpforte 3

Nordostfront des Hauses Hinter der Holzpforte Nr. 3. Der heutige Baubestand läßt noch erkennen, daß diese Front bis zur Bebauung des zugehörigen Gartens (vgl. Lageplan S. 118 — um 1750) die Schauseite des Hauses war.

Wüstestätte 1

Hinter der Holzpforte 4

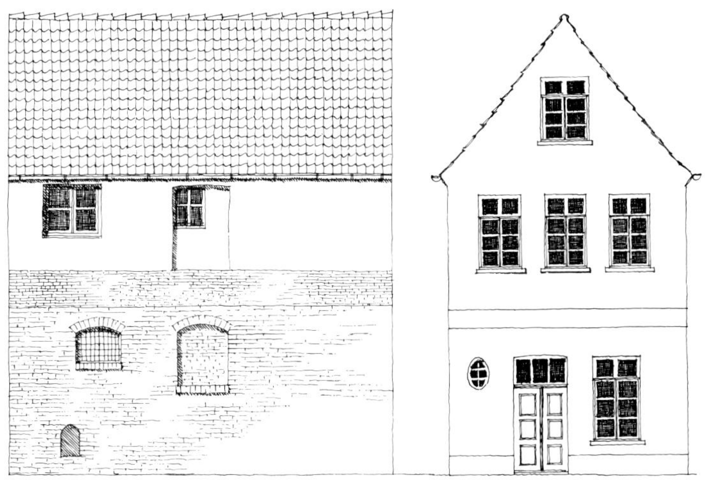

Unter dem Putz war auch bei diesem Giebel das Fachwerk morsch geworden. Vernachlässigte Pflege des Putzes und fehlender Anstrich hatten manche Mängel verursacht. Ein morscher Lattenzaun bot gegenüber dem tiefer liegenden Vorhof keine ausreichende Sicherheit mehr.

Rückseite von Schnoor 36

Eine Robinie ergibt einen erwünschten Akzent, besonders im Sommer.
Die Häuser der rechten Bildhälfte weisen bis auf den verputzten Massivbau am rechten Bildrand ebenfalls freigelegtes Fachwerk auf.

Der erhalten gebliebene und noch gesteigerte Maßstab verleiht dem Straßenraum der „Wüstestätte" einen intimen Reiz, der auch auf der Geschlossenheit der Platzwände und den seitlich ansetzenden Straßeneinmündungen beruht.

Bei der Instandsetzung des Giebels und des Hauses an der rechten Längsseite wurden Form und Gestalt völlig erhalten. Die links vorhandene Tür konnte entfallen. Die Fensterteilung wurde der Entstehungszeit des Hauses, etwa zweite Hälfte des 17. Jahrhunderts, angepaßt. Der Lattenzaun wurde durch eine massive Futtermauer mit eisernem Geländer ersetzt.

Wüstestätte 3, 4 und 5

Die Häuser sind nach dem großen Brand von 1659 erst um 1800 wiedererrichtet worden und daher dieser Zeit entsprechend traufenständig. Die sehr kleinen Grundstücke ließen nur den Bau von engen Wohnungen, dazu auch teils sehr niedrige Räume, zu.

Wüstestätte 3, 4 und 5

Diese beiden schlichten, anspruchslosen Häuser tragen ebenfalls zu der Intimität des Straßenraumes bei.

Das Fachwerk ist im Obergeschoß des linken Hauses freigelegt, das rechts vorhandene Haus ist ein verputzter Massivbau. Bei seiner Instandsetzung wurden die schiefe Haustür und das darüberliegende, nachgesackte Fenster bewußt in diesem Zustand belassen, jedoch gangbar gemacht. Die bis dahin ungesicherte Halstreppe vor der Haustür wurde durch handgeschmiedete seitliche Geländer abgeschirmt.

Wüstestätte 1

Der Verputz hat der Giebelfront den Maßstab genommen, die Fenster sitzen beziehungslos in der Wand. Wie bei dem gegenüberliegenden Giebel, Rückseite von Schnoor Nr. 36, siehe Seiten 60 und 61, war das Holz des Fachwerks morsch geworden und machte eine durchgreifende Erneuerung und Ergänzung erforderlich.

Wüstestätte 1

Durch das Entfernen des Putzes – die Risse ließen die Gestaltung des Fachwerks schon erahnen – erhielt der Giebel sein ursprünglich vorhandenes maßstabgerechtes Aussehen wieder. Die linke Windfeder wurde wieder angebracht und betont die Spitzgiebligkeit, die dem schmalen Bau seinen Charakter gibt. Anstelle des mit Dachpappe benagelten Kohlenschuppens wurde ein Vorgarten geschaffen.

Der Platz ist an seinen Schmalseiten von den beiden Fachwerkhäusern Wüstestätte Nr. 1 und der Rückfront von Schnoor Nr. 36 reizvoll eingespannt. Vielleicht wurden die beiden Häuser nach dem Brand von 1659 als Notunterkünfte für die Betroffenen errichtet, was in Fachwerk schneller durchzuführen war als in Massivbauweise. Auch das Fehlen der Keller könnte darauf schließen lassen.
Wegen der guten Akustik des Platzes ist hier gelegentlich Freilichttheater gespielt worden. Dabei bilden die Häuser die natürliche Kulisse.

Hinter
der Holzpforte
3 und 2

Das Eckhaus Wüstestätte/Hinter der Holzpforte ist im letzten Krieg zerstört worden. Dadurch hat auch der Straßenraum neben den beiden erhalten gebliebenen hohen Giebelhäusern Hinter der Holzpforte Nr. 3 und Nr. 2 seinen früher durch den Vorsprung des zerstörten Hauses gebildeten Abschluß eingebüßt.
Rechts: Der hier entstandene Neubau wurde in seiner schlichten Formgebung der des früher hier vorhandenen Hauses angepaßt. Die Giebelspitze wurde mit einer geborgenen Vase bekrönt. Der Bau betont den Maßstab der Häuser Nr. 3 und Nr. 2 und gibt mit seinem Vorsprung dem Straßenraum an dieser Stelle seinen früheren Charakter wieder.

Hinter
der Holzpforte
4, 3 und 2

Hinter der Holzpforte 20

Erbaut um 1750

Reiche Architektur des Rokoko, bemerkenswerte geschnitzte Haustür, siehe auch nächste Seite. Die Auslucht hat hier schräg verlaufende Seitenwände.
Das Haus gehörte vormals der Stadt, in ihm hatte der Aufseher der ›Bastion auf dem Wall‹ gewohnt. Durch Kaufvertrag vom 13. Mai 1762 erwarb es der Bürger und Schiffer Johan Kannengießer für fünfzehnhundert Reichsthaler in ›guten wichtigen Golde‹. Für die Stadt unterzeichnete den Vertrag Herr Daniel Meinertzhagen als ›Rheder des gemeinen guths‹ (s. auch S. 159).
Der Kaufmann H. W. Fröhlke erwarb das Haus im Jahre 1874 und gründete darin 1878 eine Essigfabrik, die bis in die dreißiger Jahre unseres Jahrhunderts bestand. Der zur Essigherstellung erforderliche Sprit stand unter Zollkontrolle. Anschließend wurde das Haus bis ca. 1950 nur als Essigniederlage benutzt. Später übernahm es die Fa. Niemeyer als Tabaklager.
Nachdem die Nutzung als Lagergebäude aufgegeben war, ist bei einer Renovierung im Jahre 1953 die zwischen den beiden unteren Fenstergruppen des Giebels vorhandene Luke ebenso entfernt worden wie der darüber befindliche Windenausleger. Eine weitere Renovierung erfolgte in den Jahren 1962/63.
Heute sind darin eine Gaststätte und im Obergeschoß eine Galerie untergebracht.
In dem zum Altenwall unter Nr. 28 hin liegenden, unmittelbar anschließenden, jedoch von der Holzpforte aus bedienten Hausteil befand sich ab 1828 ein Badebetrieb mit ›eingebauten Marmorwannen‹, außerdem wurden Badewannen für Kranke leihweise bis an deren Betten gebracht. Das Wasser wurde, nachdem es in einem Kessel heiß gemacht worden war, in Fässern mitgeliefert.

Marterburg 28 und 27

Nr. 28 Nr. 27

Die sehr verwandte Erscheinung der beiden Häuser läßt den Schluß zu, daß beide im Jahre 1629 errichtet worden sind; diese Jahreszahl befindet sich über der Haustür von Nr. 27.

Bei der Instandsetzung der Vorderfront wurden die Sandsteinquader an der Ecke zur Spiekerbartstraße hin freigelegt (Nr. 27).

Die Jahreszahl 1729, die das Haus Nr. 28 auf dem Sturz des kräftig profilierten Sandsteingewändes der Haustür aufweist, bedeutet demnach das Jahr des Erwerbes bzw. des Einzuges von Albert Lahman. Er hat somit die Türumrahmung im Jahre 1729 nachträglich einbauen lassen. Hierfür spricht auch die Form des Wappens mit seiner Umrahmung, die es um hundert Jahre später in die Zeit des Rokoko verweist.

Albert Lahman stammte aus einer alten Schiffer- und Kapitänsfamilie, wie sich aus den Unterlagen des ›Hauses Seefahrt‹ feststellen ließ. In der Marterburg haben in jener Zeit viele Schiffer gewohnt (vgl. auch Hinter der Holzpforte Nr. 20; Johan Kannengießer).

Marterburg 29

Der zweigeschossige Backsteinbau auf trapezförmigem Grundriß lehnt sich an das benachbarte Haus so an, daß beide Häuser unter einem riesigen geschwungenen Dach zusammengefaßt sind. Die Bauzeit kann etwa für das 16. Jahrhundert angenommen werden, siehe den Türsturz. In dem Haus sollen sich früher im Erdgeschoß ein Pferdestall der Post, im Obergeschoß darüber die Kutscherwohnung befunden haben. Das Fenster über der Haustür war früher eine Tür, durch die das Heu für die Pferde auf den Boden geschafft werden konnte.

Rechts oben: Die ungepflegte Front aus Klosterformatsteinen wurde instand gesetzt und ergänzt. Tür und Fenster mußten erneuert werden. Über der Haustür wurde eine Sandsteintafel mit einer symbolischen Darstellung angebracht.

Marterburg 29 (Richtung Weser)

Marterburg 25 und 23

Die beiden Häuser, um 1820 als Traufenhäuser errichtet, hatten wegen ihrer geringen Breite das gleiche Aussehen und sollten dadurch wahrscheinlich zumindest im Obergeschoß den Eindruck eines größeren Besitztums hervorrufen.

Marterburg 25 und 23

Wegen ihrer geringen Breite wurden die Häuser vereinigt und, auch im Inneren, so umgebaut, daß unter Wegfall einer Haustür und eines Treppenhauses in allen Geschossen besser nutzbare Räume entstehen konnten. Der „biedermeierliche" Eindruck ist dabei gewahrt worden.
Die Straße wurde dem Fahrverkehr entwidmet, es findet dort nur Lieferverkehr statt.

Nach Zerstörung des früher hier vorhandenen Hauses ist (linke Bildhälfte) ein zweigeschossiger Lagerschuppen behelfsmäßig errichtet worden.
Das Eckhaus (rechter Bildrand) ist ungepflegt und nicht bewohnt.

Schnoor 43 und Marterburg

Vor der in erheblichem Ausmaß erforderlichen Erneuerung des Außenputzes wurde der Spruch kopiert und nach dem erfolgten Anstrich in alter Form wieder aufgemalt. Sein Text lautet:

„Gah fröhlich in
Gah fröhlich ut
Bliw buten un binnen
In Gottes Hut.“

Nach dem Abbruch des Schuppens ist der Neubau eines Giebelhauses geschaffen, dessen Zugang vom Schnoor her durch einen Seitenflügel erfolgt. Die schlichte Formgebung entspricht dem Gesamtbild. Die Giebelspitze ist durch eine geborgene Vase bekrönt.
Bei der Instandsetzung des Eckhauses wurden der Spritzputz des Sockels abgeschlagen, die Haustür zur Schaffung eines besser nutzbaren Grundrisses an die rechte Seite verlegt, die Fenster erneuert und die Falzziegel des Daches durch Hohlpfannen ersetzt.

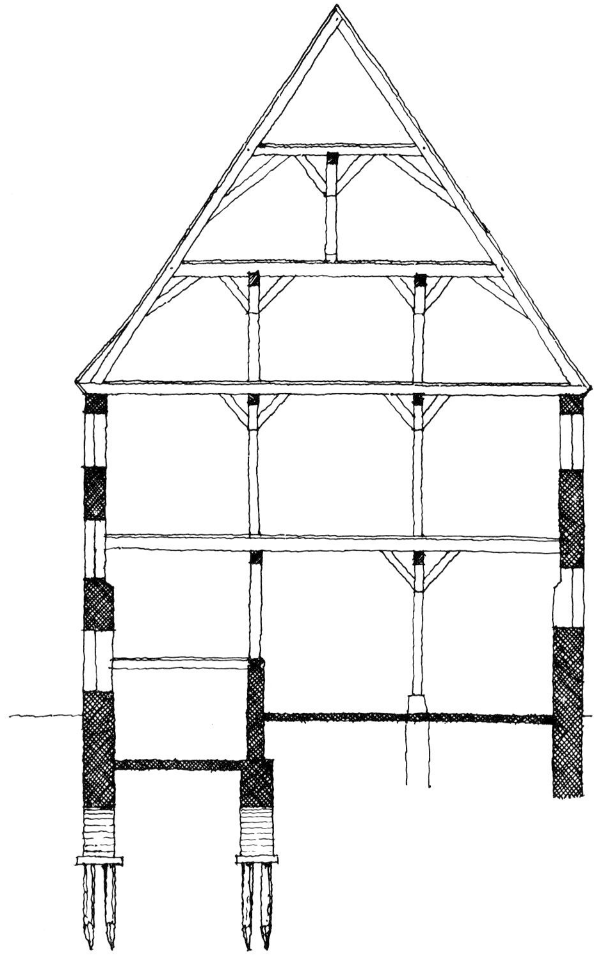

Der Hannoversche Kornspeicher
Ansicht des Westgiebels und Querschnitt (ab 1840)

Der Hannoversche Kornspeicher wurde im Kriege durch Kampfhandlungen fast völlig zerstört. Die Reste der Ruine wurden im Sommer 1964 entfernt und dabei die Art der Fundamentierung aufgemessen.

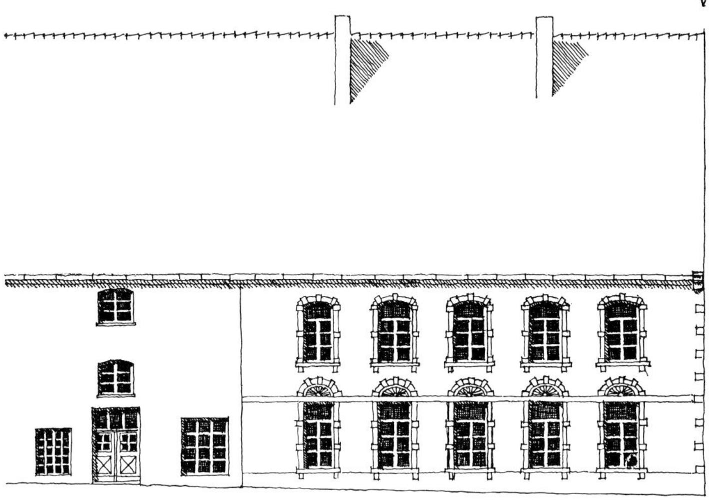

Der Hannoversche
Kornspeicher
Ansicht der Nordseite.

Fundamente des Hannoverschen Kornspeichers
Kolpingstraße/Ecke Am Landherrnamt

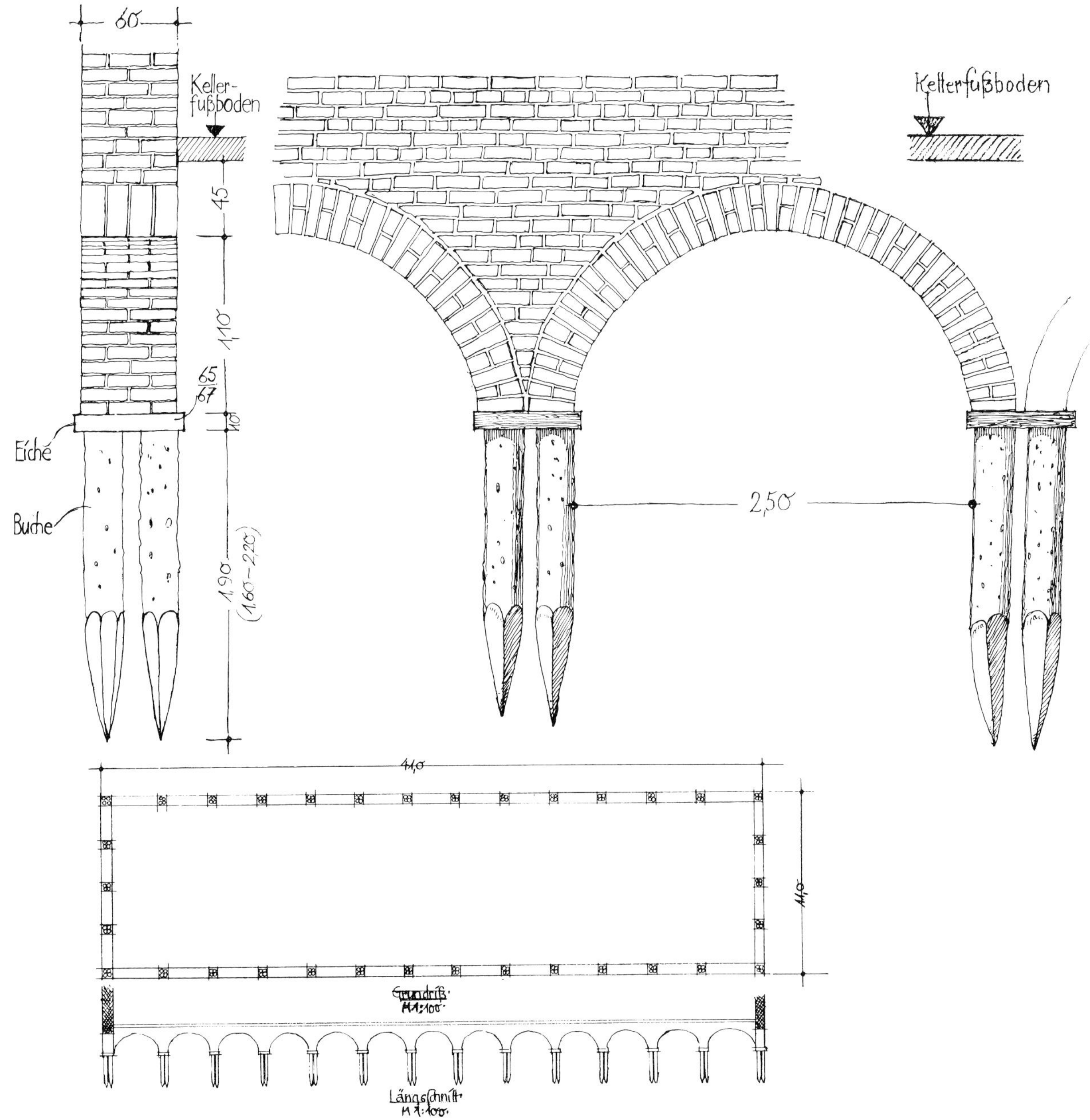

Kolpingstraße 2/3
Erbaut 1820

Straßenansicht

Nicht nur die bisher geschilderten Bürgerhäuser, sondern auch die an der Südseite der heutigen Kolpingstraße noch vorhandenen, besonders stattlichen Häuser aus der Zeit des Klassizismus beweisen, daß das Schnoor-Viertel kein zweitrangiges Gebiet war. Ihren Bauherren und Bewohnern bot sich hier außerdem der Vorteil, daß die Vorderfronten ihrer Häuser den Gärten der Domherren gegenüberlagen. Allerdings wurde der Wert dieser Gebäude durch den zu jener Zeit noch nicht vorauszusehenden Neubau des Alten Gymnasiums und der Oberrealschule an der Nordseite der Kolpingstraße ab 1872 stark beeinträchtigt.

Ihr Maßstab wie die Proportionen der ganzen Straße wurden durch die Höhe des Schulbaues und seine an dieser Front sehr nüchterne Fassade empfindlich gestört. Die Gärten der Domherren, nunmehr als Baugrundstücke genutzt, waren als reizvoller Ausblick völlig verschwunden. Die Bewohner dieser einst repräsentablen Häuser verzogen nun in andere Stadtteile und nutzten sie nur noch als Kontor- und Lagerhäuser.
Das Haus Kolpingstraße Nr. 4 wurde 1887 zum Waisenhaus der St.-Johannis-Gemeinde.

Grundriß des Erdgeschosses
Kolpingstraße 2/3

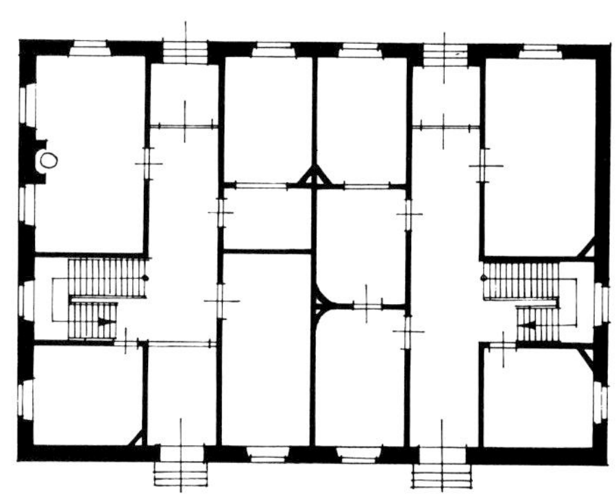

Kolpingstraße 9

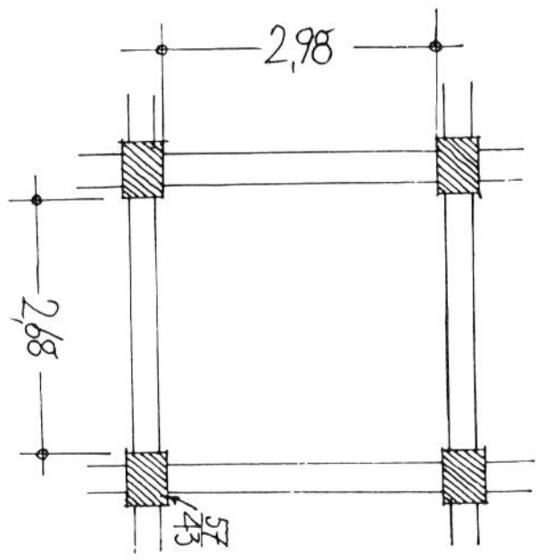

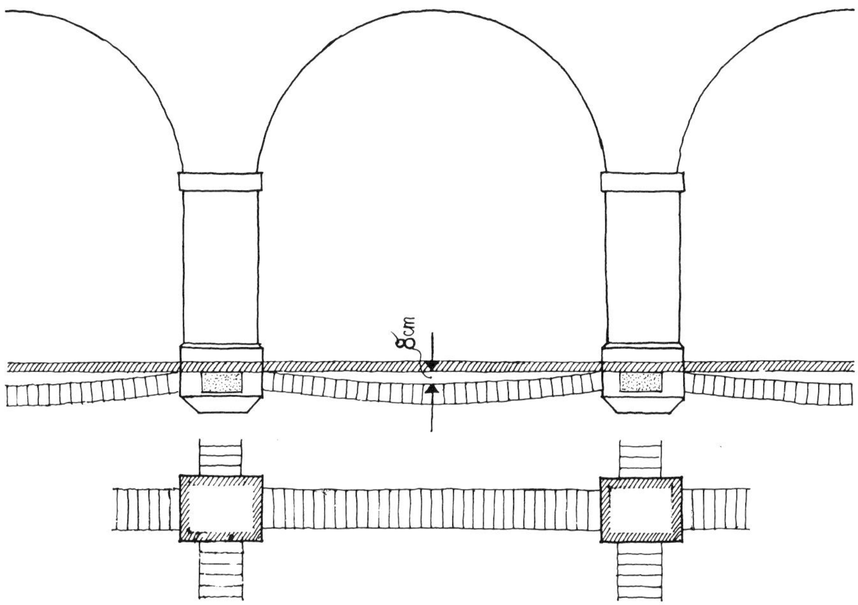

Bei dem Umbau des Kellergeschosses wurde unterhalb des Fußbodens eine Konstruktion gefunden, die dem großen und schweren Bau entspricht: Die Säulenfundamente enden in Form von Pyramidenstümpfen, durch gemauerte Bögen miteinander verbunden. Diese Bögen dienen als Ausgleich gegenüber dem Druck des Erdreichs wie auch zur stabilisierenden Versteifung der Säulen gegeneinander. Auf diese Weise wurde eine Gesamtfundierung erreicht, welche die Einzelfundierung unterstützt.

Kolpingstraße 2; Blick in den Keller.

Jedes dieser großen Häuser an der Kolpingstraße weist stattliche Kellergewölbe auf. Die kräftigen Sandsteinsäulen sind aus einem Stück gearbeitet und wahrscheinlich in ähnlicher Weise unterhalb des Fußbodens gegeneinander versteift wie im Haus Nr. 9. Die Stärke der Gewölbekappen, aufgemauert aus Steinen im Klosterformat, beträgt Steindicke = 29 cm.

Die Abbildungen S. 152 oben und S. 153 unten sind einem Planatlas ›Die hannoverschen Besitzungen in Bremen‹ entnommen, gezeichnet im Auftrag der Hannoverschen Regierung von dem königl. Hannoverschen Intendanten Johann Christian Danckwerth, der sich zwischen 1750 und 1790 in Bremen aufgehalten und sämtliche in hannoverschem Besitz befindliche Bauten im Jahre 1750 genau aufgemessen und in Grundrissen, Schnitten und Ansichten sehr anschaulich dargestellt hat. Diese Plansammlung befindet sich im Niedersächsischen Staatsarchiv in Stade und ist für das Bremische Staatsarchiv im Sommer des Jahres 1970 reproduziert worden. Auf dem Grundstück Ecke Am Landherrnamt/Kolpingstraße befand sich ab 1760 das alte hannoversche Kornhaus, erbaut ab 1756. Im Stadtplan von Murtfeldt ist es bereits dargestellt.

Das von Danckwerth gezeichnete Gebäude, das vorher hier gestanden hatte, siehe Abb. S. 153 links, diente bis 1750 der hannoverschen Verwaltung als Stall und nicht, wie früher zum Ausdruck gebracht wurde, als ›erzbischöfliches Kornhaus‹, wurde 1756 ebenso wie das südlich benachbarte Wohnhaus, Abb. S. 152 oben, wegen Baufälligkeit abgebrochen und an seiner Stelle das Hannoversche Kornhaus errichtet.

Ein nördlich angrenzendes zweigeschossiges Wohnhaus von etwa 30 m Länge mit 10 Wohnungen, Abb. S. 152, fiel in seinem südlichen Teil dem Durchbruch der heutigen Kolpingstraße, in seinem nördlichen

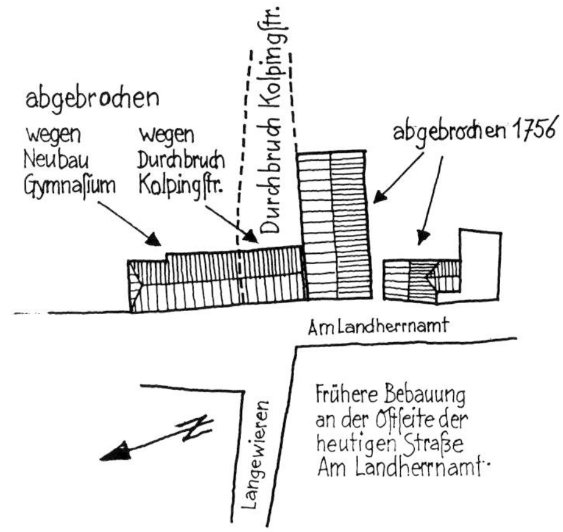

Lageplan

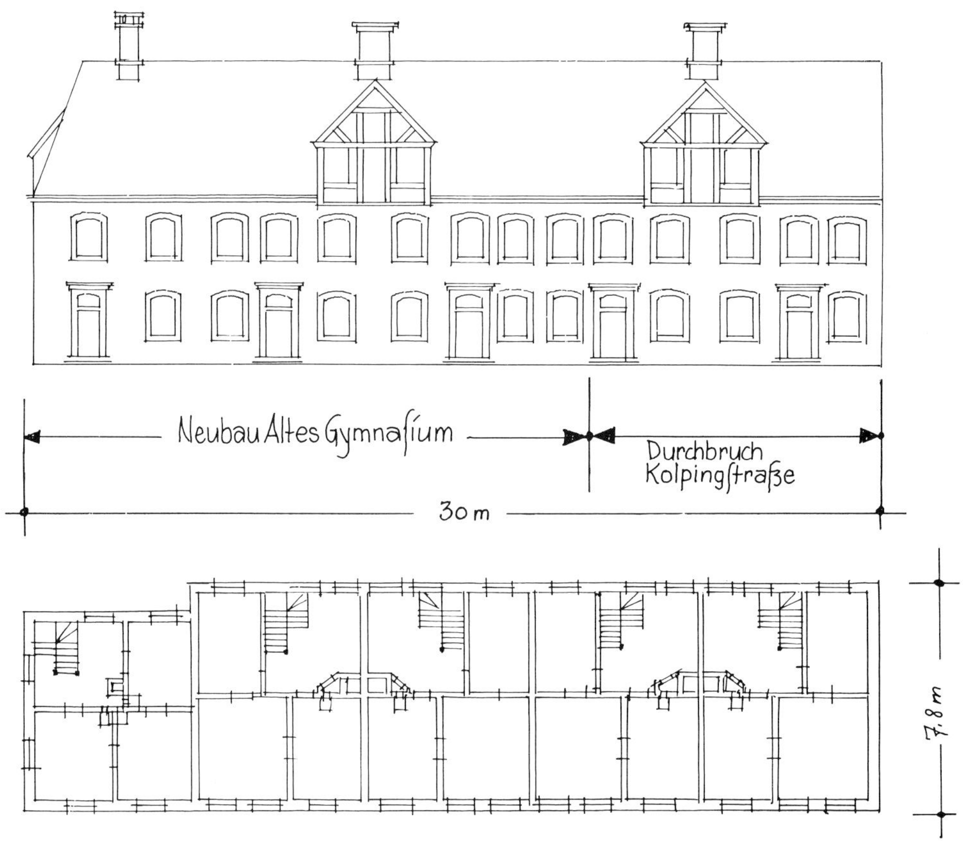

Querschnitt

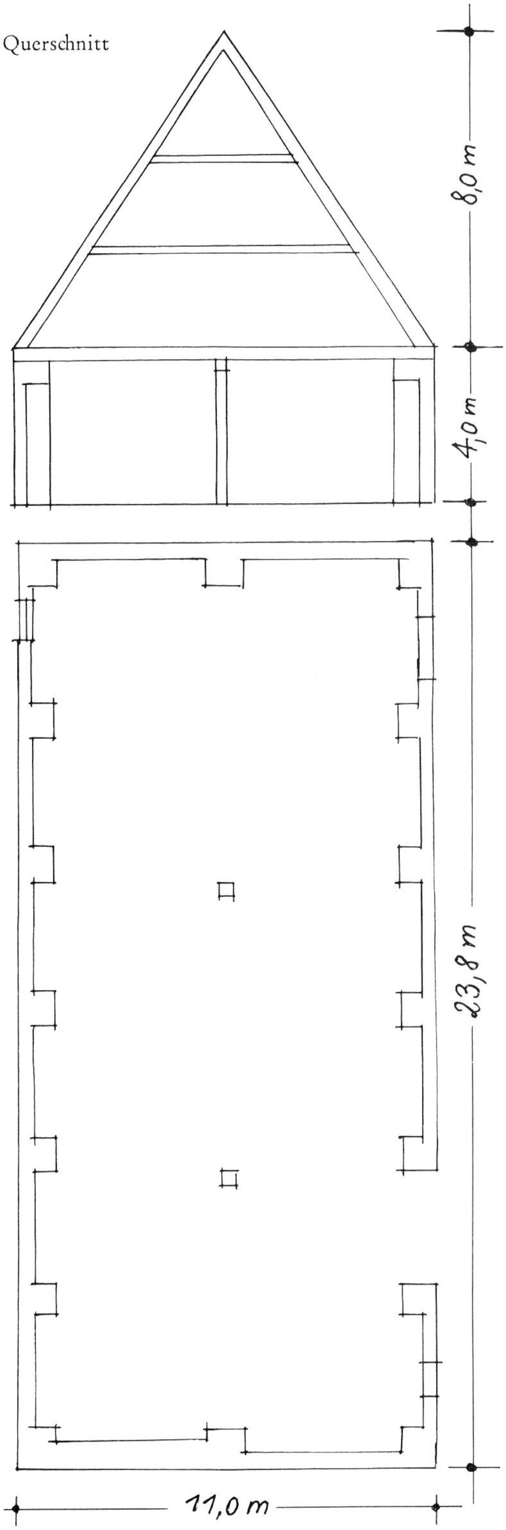

Teil dem Neubau des Alten Gymnasiums zum Opfer, siehe auch Lageplan S. 152 oben. Das stattliche Gebäude des Kornhauses ist im letzten Kriege fast völlig zerstört worden. Nach Auffüllung des Kellergeschosses bis Straßenoberkante diente das Grundstück bis zur Errichtung des jetzt vorhandenen Neubaues als Parkplatz. Bei der Ausschachtung zur Errichtung dieses Hauses konnte die Art der Fundierung der Außenmauern festgestellt und vor dem Abbruch aufgemessen werden. Sie bestand aus Mauerwerk, das eine starke Belastung ermöglichte, weil der Druck durch Entlastungsbögen verteilt und auf Pfahlbündel übertragen wurde, siehe Abb. S. 151. Diese Zeichnung entspricht genau einem Bericht von J. C. Danckwerth vom 30. April 1757 an die Kammer in Hannover. Hierin schildert er, daß man vor Baubeginn des Kornhauses nicht entdeckt hat, daß der Untergrund des Geländes so morastig ist, und empfiehlt, die Mehrkosten für die nicht vorauszusehende stärkere Fundierung dadurch zu verringern, daß sie statt eines Gesamtpfahlrostes so ausgeführt wird, wie die Abbildung zeigt. Die Bauarbeiten wurden 1757/58 wegen des Siebenjährigen Krieges unterbrochen. Die Baukosten betrugen 7092 Rthlr.

Im Jahre 1840 erfolgte im westlichen Teil der Einbau eines ›Comptoirs‹ mit Nebenräumen für die Firma Buxtorff, Wichelhausen & Co., die bereits seit Fertigstellung des Baues das ganze Erdgeschoß als Lagerraum in Pacht hatte. 1861 wurden diese Räume noch erweitert. Von 1928 bis zur Zerstörung befand sich in dem Gebäude die Städtische Pfandleihe.

An seiner Nordfront wurde ab 1807 in ostwärtiger Verlängerung der Lange Wieren die Gartenstraße (die heutige Kolpingstraße) entlang geführt.

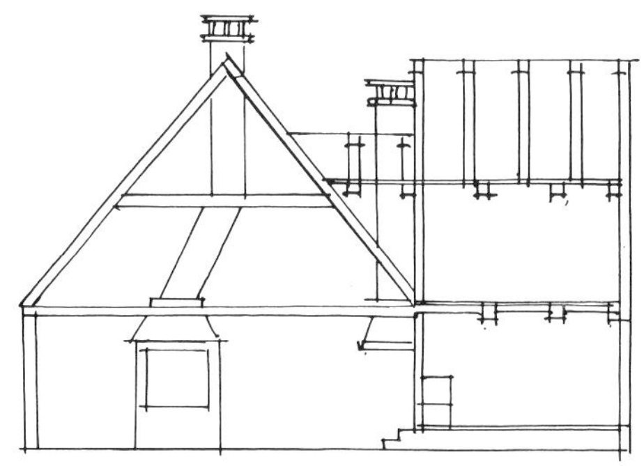

Längsschnitt

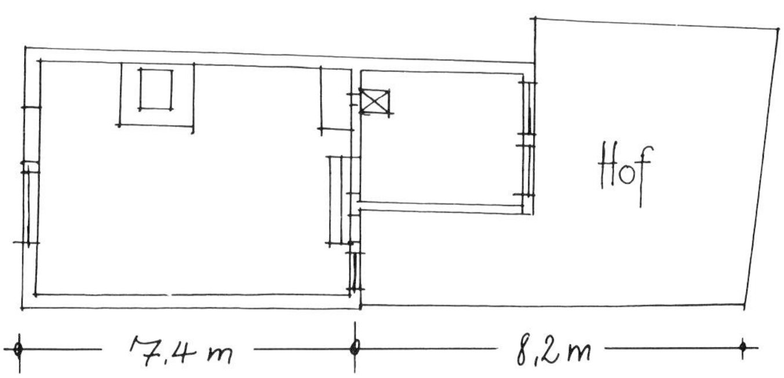

13 12 11

Die St.-Johannis-Kirche 1811 (Zeichnung von F. W. Kohl). An der Nordfront, zur Lange Wieren hin, sind die Stufen vor dem in jener Zeit hier vorhandenen Eingang zu erkennen, wie vor dem Eckturm die bis 1912 vorhandene ›Gottesbude‹.

Lange Wieren 13 - 12 - 11 - 10 - 9

Die Abwicklung der Bebauung an der Lange Wieren wurde nach früheren Lageplänen, Zeichnungen und Fotos rekonstruiert; bei Nr. 11 wurde ein alter wiederaufgefundener Bauplan herangezogen. Diese Rekonstruktion entspricht der auf Seite 154 im unteren Bilde dargestellten Bebauung.

Lange Wieren 10

Erbaut etwa im letzten Drittel des 18. Jahrhunderts. Stattliches zweigeschossiges Wohnhaus mit großem Dachaufbau, der – ebenso wie der teilweise sichtbare Ostgiebel – in Fachwerk errichtet war. Durch die Anhöhung der Straße ist die Höhe der Haustür verringert und die Höhe des Hauses insgesamt beeinträchtigt worden. Der Abbruch des Hauses erfolgte im Jahre 1912. Heute befindet sich dort, im Anschluß an den Chor der St.-Johannis-Kirche, eine Grünanlage.

In der „Lange Wieren“ und sehr wahrscheinlich in diesem Haus wohnte nach dem ersten Bremer Adreßbuch aus dem Jahre 1796 der „Grenadier-Capitain“ Johann Jacob Piel, 1787 nach Bremen gekommen, verstorben 1807.

Lange Wieren 13
Erbaut ab 1630

Bei einer weiteren Instandsetzung im Jahre 1971 wurde an der Front zur Straße Am Landherrnamt im ersten Obergeschoß Fachwerk freigelegt, das die Maßstäblichkeit dieser Seite unterstreicht. Im Erdgeschoß wurde der Rest eines Sandsteingewändes sichtbar, dessen Gestaltung große Ähnlichkeit mit dem Eingang des Hauses Schnoor Nr. 39 aufweist. Es ist daher möglich, die Entstehung von Lange Wieren Nr. 13 für die Zeit ab 1630 anzusetzen.

Früher Gasthof, heute Gaststätte.

In den oberen Geschossen befanden sich Fremdenzimmer, in denen Kapitäne der an der Tiefer liegenden Binnenschiffe übernachten konnten, wenn sie in Bremen längere Zeit auf Ladung für die Oberweser warten mußten.

Äußere Instandsetzung im Jahre 1962; dabei wurden Haustür und Fenster erneuert und dem Stil des Hauses angepaßt.

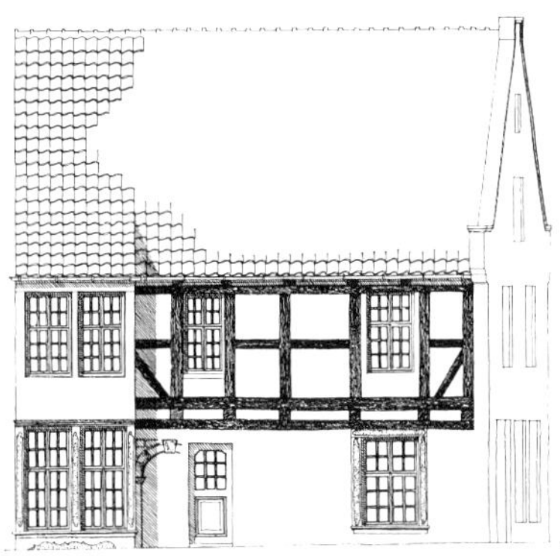

Stavenstraße 7

Gebäudegruppe Ecke Hohe Straße/Stavenstraße.

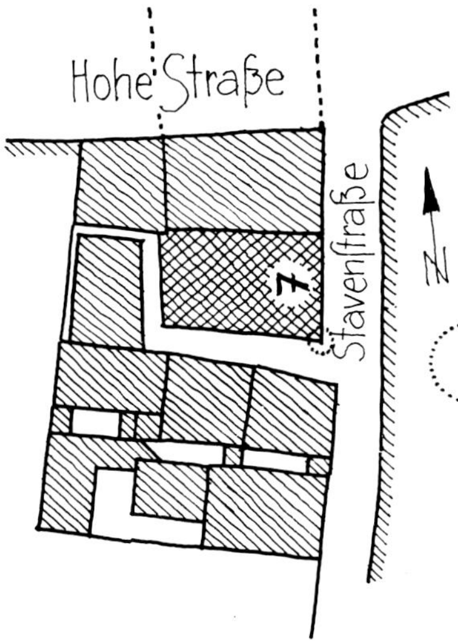

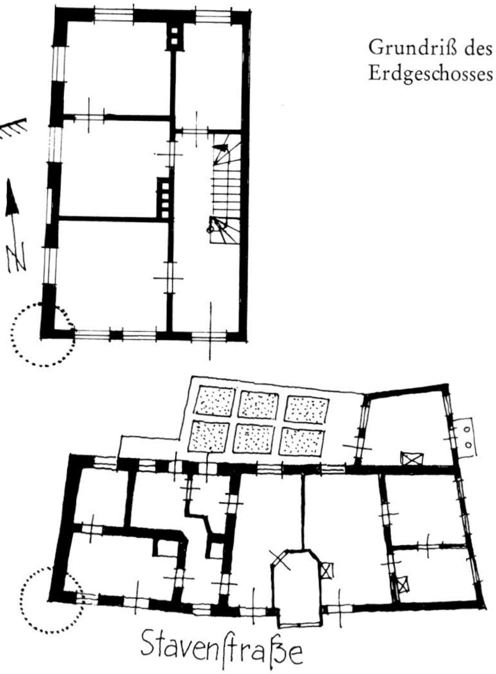

Grundriß des Erdgeschosses

Straßenansicht

Hier hatte sich ein außerordentlich eng bebautes Gebiet bis in den letzten Krieg hinein erhalten. Auf einer Fläche von 345 qm standen acht ein-, zwei- und dreigeschossige Häuser, das kleinste mit einer Grundfläche von 22 qm. Nur vier von ihnen wiesen einen Freiraum auf, der – eng und lichtlos – als Hof bezeichnet werden konnte. Die Erschließung des Teilgebietes erfolgte durch einen Gang von der Stavenstraße aus. Diese Fläche war auch in früherer Zeit schon stärker bebaut (vgl. Grundriß aus dem bei dem Hannoverschen Kornhaus erwähnten Planatlas ›Die hannoverschen Besitzungen in Bremen‹, gezeichnet von Johann Christian Danckwerth, ab 1750).

Die hier dargestellte Gebäudegruppe, im wesentlichen zu Wohnzwecken genutzt, wies jedoch einen ansehnlichen Gartenhof auf, der eine rückwärtige Belichtung und Belüftung ermöglichte.

Von älterer Bebauung ist nur das Haus Stavenstraße Nr. 7 erhalten geblieben. Erbaut 1830. Zweites Obergeschoß aufgestockt 1871.

Die linke Seite und die Rückseite weisen im Erdgeschoß Mauerwerk aus Steinen im Klosterformat auf, und zwar in einer Höhe von 90 cm ab Erdoberfläche. Die größere Stärke dieser beiden Außenwände ist im Grundriß zu erkennen. Das Gebäude ist danach unter Verwendung der Reste des hier vorhanden gewesenen älteren Baues errichtet worden. Der spitze Winkel an der linken vorderen Ecke des Hauses ist identisch mit dem spitzen Winkel an der linken Ecke der im Grundriß dargestellten alten Bebauung, deren nördlicher Teil bei dem Bau der Hohe Straße abgebrochen wurde.

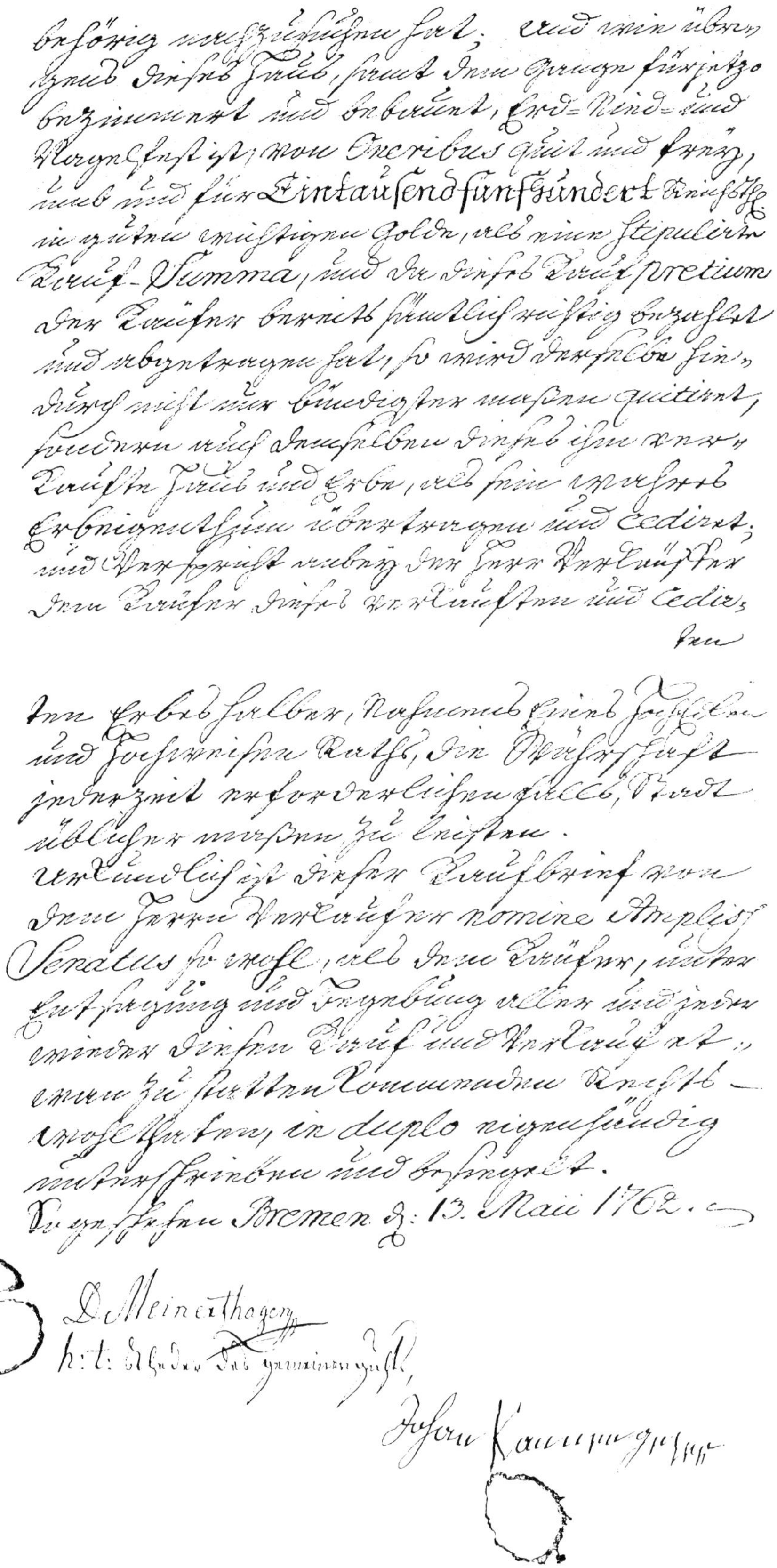

. . . behörig nachzusuchen hat; und wie übrigens dieses Haus, samt dem gange für jetzo bezimmert und bebauet, Erd-, Nied- und Nagelfest ist; von Oneribus quit und frey, umb und für Eintausendfünfhundert Reichsthaler in guten wichtigen Golde, als eine Stipulirte Kauf-Summe, und da dieses Kaufpretium der Käufer bereits sämtlich richtig bezahlet und abgetragen hat, so wird derselbe hiedurch nicht nur bündigter massen quitiret, sondern auch demselben dieses ihm verkaufte Haus und Erbe, als sein wahres Erbeigenthum übertragen und cediret; und verspricht anbey der Herr Verkäufer dem Käufer dieses verkauften und cedirten Erbes halber, Nahmens Eines Hoch-Edlen und Hochweisen Raths, die Währschaft jederzeit erforderlichenfalls, Stadt üblicher massen zu leisten.

Urkundlich ist dieser Kaufbrief von dem Herrn Verkäufer nomine Amplis Senatus so wohl, als dem Käufer, unter Entsagung und Ingebung aller und jeder wieder diesen Kauf und Verkaufet wan zu statten kommenden Rechtswohlthaten, in dublo eigenhändig unterschrieben und besiegelt.

So geschehen
Bremen d. 13. Maii 1762.

L. S. D. Meinertzhagen
p. t. Rheder des
gemeinen guths
Johan Kannengießer
L. S.

Stavendamm bis 1940
Östliche Straßenseite (vor der Zerstörung)

Bis in die Jahre 1942/43 hinein hatte sich an der Ostseite des Stavendamms eine Reihe stattlicher Bürgerhäuser erhalten (von Nr. 8 bis Nr. 3).
Die vier kleinen Häuser am nordwärtigen Straßenende (Nr. 12 bis Nr. 9) sind in einer Zeit entstanden, als Bremen durch die Kontinentalsperre und die Freiheitskriege arm geworden war.

6
5
4
3
2

Die beiden Häuser am Stavendamm Nr. 12 (links) und Nr. 11 (rechts) wurden zu einer Zeit erbaut, als durch die Folgen der Napoleonischen Kriege (Kontinentalsperre!) die finanziellen Möglichkeiten zur Errichtung größerer Häuser gering waren.

Stavendamm 11

Erbaut um 1800. Das Haus weist ein für Bremen seltenes Mansardendach auf, das an der Straßenseite durch die hochgezogene Giebelfront mit weitausladendem Gesims verdeckt wird. Dadurch entsteht der Eindruck der Dreigeschossigkeit.

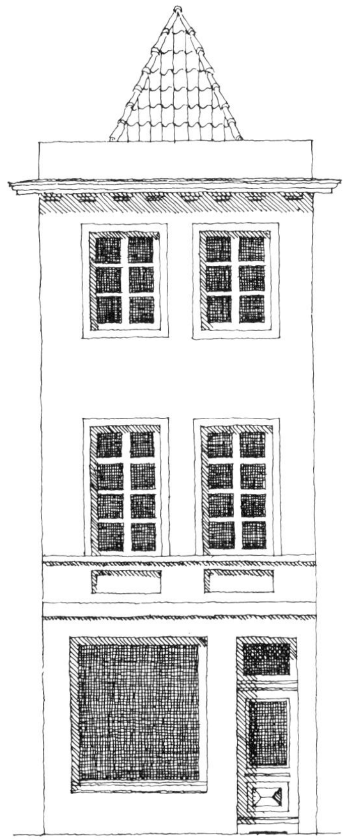

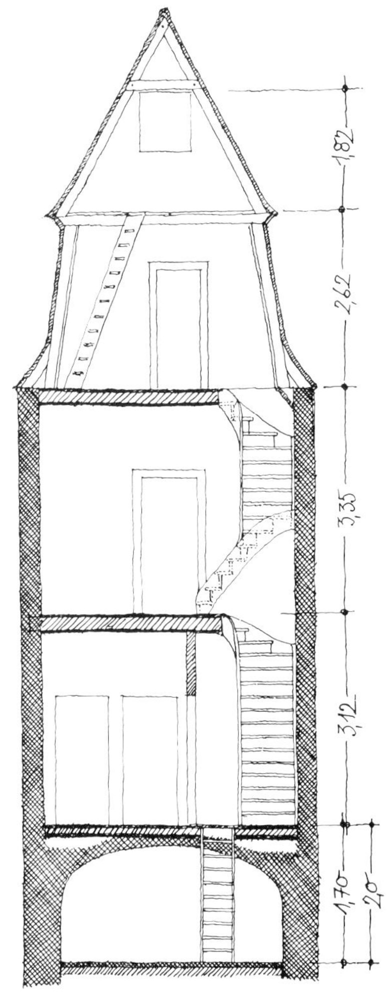

Grundriß des Erdgeschosses (bis 1898):

Der ursprüngliche Grundriß mit dielenartigem Flur ist einschließlich der Treppe in jenem Jahr zur Vergrößerung und Verlegung des Ladens umgestaltet worden.

Der heutige Grundriß zeigt eine nochmalige Vergrößerung des Ladens. Die nur noch in Form eines Ganges verbliebene Küche an der linken Giebelwand wurde durch einen hofseitigen Anbau vergrößert. Auf diese Weise ist der Grundriß der Wohnung allmählich zu einem Grundriß für ein Geschäftshaus geworden.

bis 1898 ab 1898

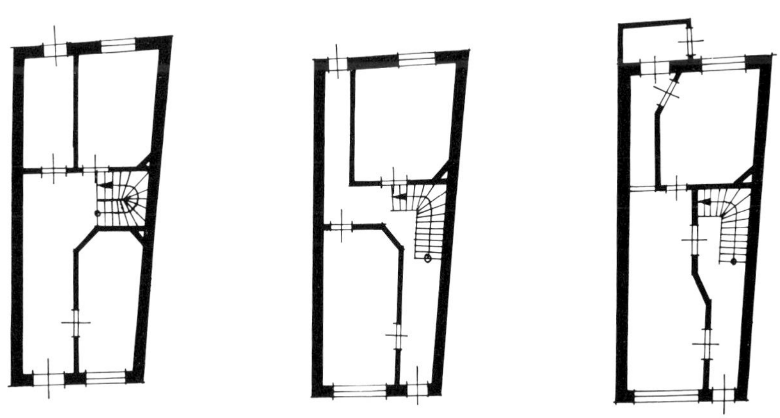

Aus der Geschichte des Hauses Stavendamm Nr. 15, „Schifferhaus"

Das Haus, erbaut 1630, hat seinen Namen „Schifferhaus" von einem der letzten Eigentümer, der sich durch seine Dienstzeit bei der Marine eng mit der See verbunden fühlte. Hiervon zeugt auch das Bild an der Vorderfront „Die Außenweser".
Der Stavendamm war Markt und Handelsplatz dieser alten Besiedlung Bremens.
Hinter dem Hausgrundstück floß früher die Balge entlang, ein im Mittelalter schiffbarer Nebenfluß der Weser, der im Laufe der Zeit zu einem Rinnsal eingeengt und nach seiner Kanalisierung im Jahre 1837 zugeschüttet wurde.
Im Erdgeschoß befand sich die Wohndiele mit offener Feuerstelle, im 1. Obergeschoß eine Wohndiele mit offener Feuerstelle und straßenseitig ein Wohn- und Schlafzimmer. Die ursprüngliche Lage der Treppe ist im Plan des Erdgeschosses dargestellt. Die hierfür erforderliche Auswechslung der Deckenbalken über dem Erdgeschoß ist noch vorhanden. Die Anordnung der Deckenbalken parallel zu den Giebelwänden war dadurch bedingt, daß letztere aus Fachwerk bestanden: Bei einer Anordnung der Balken von Giebelwand zu Giebelwand wären bei einem Brand in den Nachbarhäusern die Balkenköpfe leicht mitverbrannt und die Balken abgestürzt.
Die Lage der Deckenbalken ermöglichte auch das Vorziehen der Straßenfront im 1. Obergeschoß, die auf den auskragenden Balkenköpfen der Erdgeschoßdecke steht.
Eine Toilette befand sich früher wahrscheinlich im Hof in der Nähe der Balge. Kanalisiert mit Hausanschlüssen wurde das Gebiet erst ab 1903.
Die Struktur des Hauses in Grundriß und Aufbau entspricht dem zu jener Zeit in Bremen üblichen und auch im *Schnoor* noch öfter vorhandenen Typ.
Um 1750 wurde ein hofseitiger Anbau ausgeführt, der in jedem Geschoß zusätzlich einen als Küche genutzten Raum enthielt.
Die mit diesem Anbau verknüpfte Anhebung des Daches ermöglichte die Anlage der Treppe an ihrem jetzigen Standort, weil dadurch über ihr im Dachgeschoß die nötige Kopfhöhe entstand. Bei diesem Um- und Ausbau des Jahres 1750 erhielt das Haus seine heute noch im wesentlichen an den Fronten vorhandene Erscheinung in den Formen des Rokoko. Insbesondere trifft dies für die Treppe mit ihrem schwungvoll ausgesägten Geländer zu und wird auch durch einige Türen mit den passenden Beschlägen bestätigt.
Der Ausbau des Dachgeschosses und der Aufbau des Dacherkers erfolgten im Jahre 1924.
Der Fußweg vor dem Haus hat früher ca. 50 cm tiefer gelegen, seine heutige Höhenlage läßt die Erdgeschoßfront gedrückt erscheinen.
Die Lage des Hauses zwischen Stavendamm und Balge hatte manche Vorteile geboten, die auch in der Art der Nutzung des Hauses zum Ausdruck kommen. Die Eigentümer waren im wesentlichen Kaufleute und Gastwirte. Für Kaufleute wurde das Haus weniger interessant, als die Schiffahrt auf der Balge mehr und mehr zum Erliegen kam und der Handel sich nur auf den Straßen bewegte. Hierin mag auch der Entschluß begründet sein, den hofseitigen Anbau zu erstellen, da auf den Hofraum am Wasser weitgehend verzichtet werden konnte.
Im vorigen wie auch in diesem Jahrhundert befand sich im Erdgeschoß eine Schenke.
Am 1. Dezember 1823 kauft der Bürger und Schenkwirt Johann Hinrich Schierenbeck das Haus für sich und seine Erben. Der Kaufpreis betrug 1350 Rtl. Gold.
Der minderjährige letzte Erbe des verstorbenen Johann Hinrich Schierenbeck, sein Sohn Eduard, ver-

starb am 5. November 1852. Dies wurde von seinen beiden Vormündern, Johann Eberhard Hinrich Coors und Adolph Friedrich Kloppke, angezeigt. Daraufhin bestellte man den Obergerichtsanwalt Dr. Hermann Adami zum „Curator“ des Nachlasses von Eduard Schierenbeck.
1878 wurde das Haus von Rebecca Friederike Hörmann an Heinrich Lohmann verkauft, Preis 7950,— M.

Im Jahre 1906 war das Haus zu je einem Drittel Anteil Eigentum der Erbengemeinschaft Marie Anna Lohmann, Witwe des Gastwirts Heinrich Lohmann, ihrer ledigen Schwägerin Luise Höcker und der ledigen Sophie Lohmann, Schwester des Gastwirts Heinrich Lohmann. Im Jahre 1919 kaufte es der Gemüsehändler Gustav Theodor Dahle, der es mit seiner Frau bis zu seinem Tode im Jahre 1972 bewohnt hat.

Stavendamm Nr. 15 (Schifferhaus). Erbaut 1630, erweitert 1750. Die Treppe vom Erd- zum Obergeschoß in Form des Rokoko stammt aus dem Jahre 1750.
Der Querschnitt zeigt den früheren und den kanalisierten Lauf der Balge.

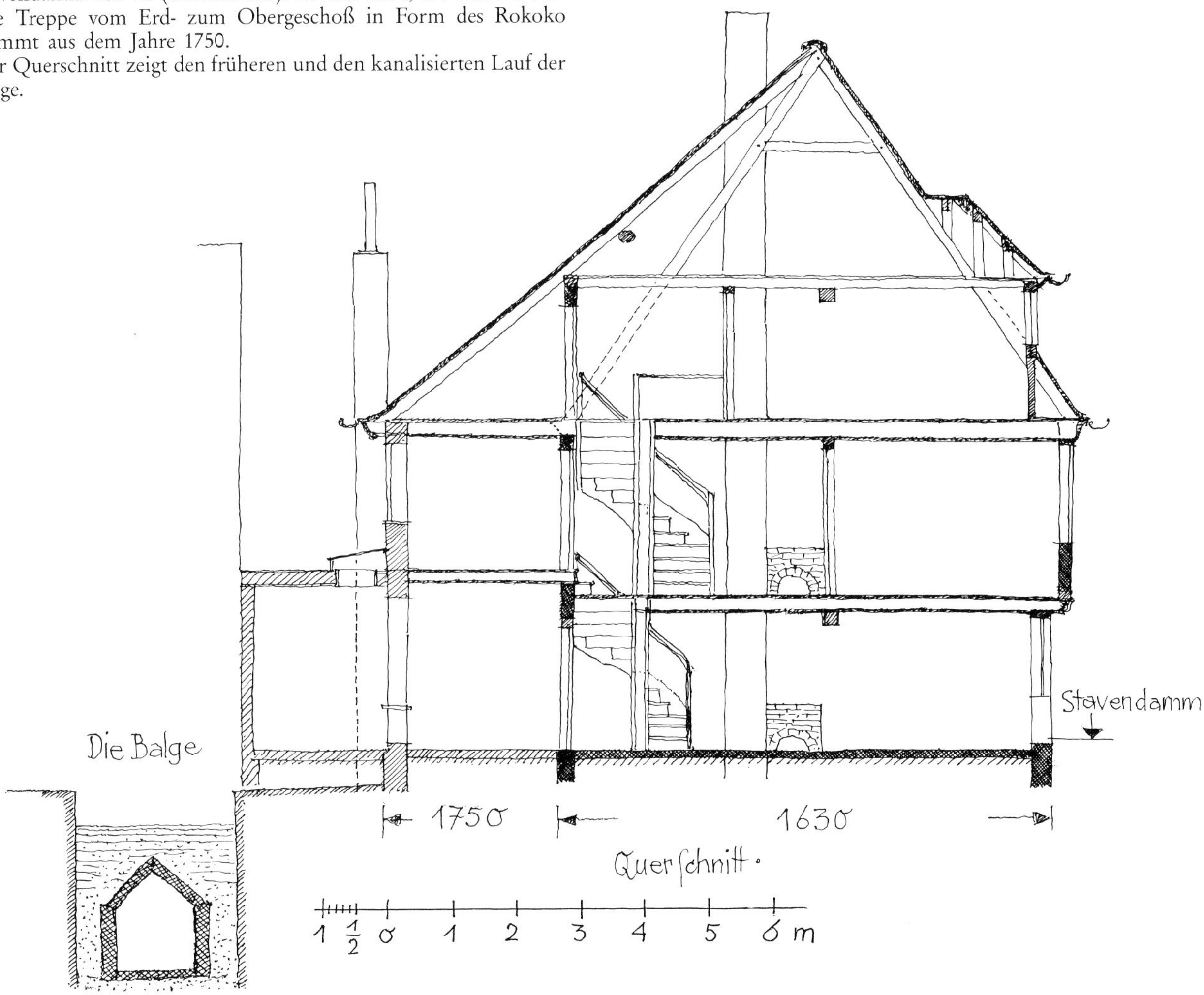

Stavendamm 15
„Schifferhaus“

Stavendamm 15
„Schifferhaus"

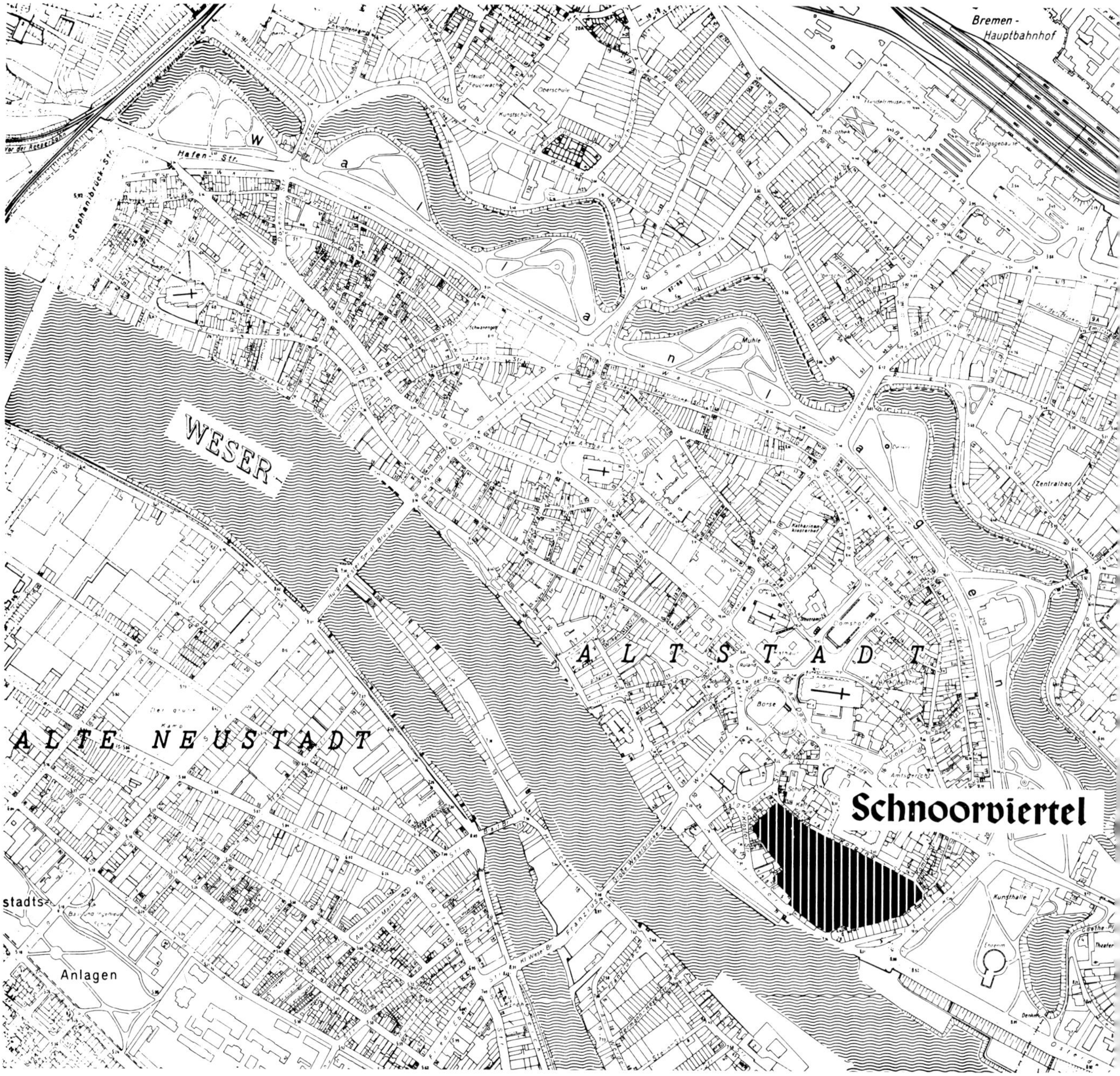

Der Stadtplan von Bremen zeigt die Lage der Altstadt zwischen Weser und Wallanlagen. Der älteste Kern der Stadt liegt im Süden der Domdüne, sich hinstreckend bis hinunter zur Weser. Die Schraffur kennzeichnet Lage und Ausdehnung des Schnoor-Viertels.

Erklärung der Straßennamen

Schnoor (plattdeutsch):	= Schnur Die Häuser sind aneinandergereiht wie „Perlen auf einer Schnur“ (lange Straße wie eine Schnur)
Hinter der Balge:	Die Balge war im Mittelalter ein schiffbarer Nebenarm der Weser von 4 bis 5 m Breite, zugeschüttet ab 1837
Spiekerbartstraße:	Spiekerboer = Bohrer für große Nägel
Stavendamm:	Älteste Straße, auf geschüttetem Damm angelegt Stave = Stube (Badstuben, gaben oft Anlaß zu Ärgernis)
Stavenstraße:	Wie vor
Kolpingstraße:	1950 aus Gartenstraße umbenannt zum Gedenken an Adolf Kolping, den „Gesellenvater“, weil hier das Kolpinghaus liegt
Lange Wieren:	Wiere = Draht = Lange Straße
Hinter der Holzpforte:	Pforte in der Mauer, die einen Holzhafen für geflößtes Holz abschloß
Am Landherrnamt:	Das Landherrnamt unterstand dem Landherrn = Landrat, als Bremen, bis 1954, noch aus Stadt- und Landgebiet bestand
Marterburg:	Richtig „Mattenburg“: Hier wurde Mehl in Matten = Metze (ca. 60 Pfund) gelagert
Wüstestätte:	So benannt nach einem großen Brand der ganzen Straße im Jahre 1659
Klosterortstraße: Klosterkirchenstraße: Franziskanerstraße:	Halten die Erinnerung wach an das im Jahre 1834 abgebrochene Kloster der Franziskaner (heute ist noch die Propsteikirche St. Johann aus dem 14. Jahrhundert vorhanden)
Süsterstraße:	Suste = Bezeichnung für Herberge für Kornfuhrleute (?)

Quellen- und Schriftumsverzeichnis

Ungedruckte Quellen

Staatsarchiv Bremen, Akten und Unterlagen über Schnoor/Balge/Brunnen, Pumpen/St.-Johannis-Kloster, St.-Johannis-Kirche/Hannoversche Besitzungen in Bremen/Visitation der Schornsteine/Einquartierungslisten

Bauaufsichtsamt Bremen (heute Bauordnungsamt), Akten

Köpkenstift, Protokollbuch

Literatur

Das Bremer Adreßbuch von 1796

Neues Bremisches Adreßbuch auf das Jahr 1810

Alljährliche Weihnachtsgabe in Form von Kalenderbüchern, „Alt-Bremen", H. M. Hauschild Verlag. Bremen, Jg. 1903 ff.

Wilhelm v. Bippen: Die Pfarr- und Ordenskirchen, in: Denkmale der Geschichte und Kunst der Freien Hansestadt Bremen. Hrsg. Historische Gesellschaft des Künstlervereins, Bremen. 3. Abteilung: Die bremischen Kirchen. Bremen 1876

Bremen und seine Bauten. Hrsg. Architekten- und Ingenieur-Verein. Bremen 1900

Franz Buchenau: Die Freie Hansestadt Bremen und ihr Gebiet. Bremen 1882—1900

Johann Philipp Cassel: Historische Nachrichten von dem St.-Johannis-Kloster in Bremen. Bremen 1777 bis 1780. Bremen. Gedruckt bei Diedr. Meier, des löbl. Gymnasii Buchdrucker

Karl Dillschneider: Die St.-Johannis-Kirche, in: Mitteilungen des Vereins für Niedersächsisches Volkstum Bremen. 39. Jahrgang, Herbst 1964, Heft 74

Das Schnoorviertel, in: Mitteilungen des Vereins für Niedersächsisches Volkstum Bremen. 41. Jahrgang, Herbst 1966, Heft 78

Die Revitalisierung des Schnoorviertels in Bremen, in: Bauwelt — Stadtbauwelt, 58. Jahrgang, Heft 25/26. Berlin 1967

Schnoorviertel Bremen, in: Baumeister. 65. Jahrgang, Heft 4, April 1968

Schnoorviertel in Bremen, in: Das Haus. 20. Jahrgang, Juli 1968. Offenburg/Baden

Die Wiederbelebung des Bremer Schnoorviertels, in: Deutsche Kunst- und Denkmalpflege. 26. Jahrgang, 1968, Heft 1. München/Berlin

Wiederherstellung des Schnoorviertels, in: Bauwirtschaftliche Informationen. 19. Jahrgang, Nr. 7, Juli 1969. Rendsburg

Die Instandsetzung und Wiederbelebung des Schnoorviertels, in: Die Mappe. Deutsche Maler- und Lackiererzeitschrift. 83. Jahrgang, Nr. 6, Juni 1969. München

Karl Dillschneider/Wolfgang Loose: Der Schnoor alt und neu

Der Schnoor, Blick hinter die Fassaden

Eugen Fink: Die Treppenanlagen in den alten Bürgerhäusern der Hansestädte Bremen, Hamburg, Lübeck. Hamburg 1912

Siegfried Fliedner/Werner Kloos: Bremer Kirchen. Hrsg. Christel Matthias Schröder. Bremen 1961

Ernst Grohne: Die älteste Stadtbefestigung Bremens, in: Bremisches Jahrbuch, Band 43, 1951

St. Johann in Bremen. Kirche und Gemeinde im Wandel der Zeiten. Hrsg. St.-Johannis-Gemeinde. Erolzheim 1959

Hinrich Knittermeyer/Diedrich Steilen: Bremen — Lebenskreis einer Hansestadt. 1942, Bildanhang Nr. 57, Darstellung des Wasserrades

Alwin Lonke: Das älteste Lassungsbuch 1434—1558 als Quelle für die Topographie Bremens, in: Veröffentlichungen aus dem Staatsarchiv der Freien Hansestadt Bremen, Heft 6. Bremen 1931

Wilhelm Lübke: Geschichte der Architektur. Leipzig 1876
Irmtrud Peters: Theater, Rundfunk und Musik in Bremen. Eine Bibliographie. Hrsg. Rolf Engelsing im Auftrag der Staatsbibliothek. Bremen 1963
Christian Piefke: Die Geschichte der bremischen Landespost. Bremen 1947
Eugen De Porre: Vorläufiger Bericht über 200 Jahre Psychiatrie in Bremen-Oberneuland. Bremen 1965
Das St.-Joseph-Stift in Bremen 1869—1969. Bremen 1969
Karl Priester: Bremische Wohnhäuser um 1800, Beiträge zur Baugeschichte der Stadt Bremen. Bremen 1912
Friedrich Prüser: Die Balge, Bremens mittelalterlicher Hafen, in: Städtewesen und Bürgertum als geschichtliche Kräfte. Lübeck 1953
Götz Ruempler: Der Pilger-Apostel Jacobus major und seine Beziehungen zu Bremen, in: Heimat und Volkstum, Bremer Beiträge zur niederdeutschen Volkskunde. Bremen 1964/65
P. Patricius Schlager O. F. M.: Geschichte des Franziskaner-Klosters in Bremen, in: Beiträge zur Geschichte der sächsischen Franziskaner-Provinz vom heil. Kreuze. IV. und V. Band, Jg. 1911 und 1912
Dietrich Schomburg: Geschichtliches Ortsverzeichnis des Landes Bremen. Hildesheim 1964
Albert Schröder: Das Wasserrad — Ein verschwundenes Bremer Bauwerk, in: Bremer Nachrichten vom 10. November 1926
Rudolf Stein: Das vergangene Bremen. Bremen 1961
Adam Storck: Ansichten der Freien Hansestadt Bremen und ihrer Umgebungen. Frankfurt am Main 1822. Reprint 1977
Otto Werra: Die Katholische Kirche in Bremen seit der Kirchenspaltung. Osnabrück 1950

Bildnachweis (Angabe nach Seitenzahlen)

Alle Fotos, wenn nicht anders vermerkt, von Rüdiger Nagel, Bremen, dem Verfasser oder dem Schnoorarchiv.

Landesbildstelle Bremen: 11, 12, 17, 18, 19, 20, 26, 38, 49, 50, 73, 77, 79, 94, 95, 100, 101, 102, 106, 108, 109, 110, 114, 116, 120, 122, 124, 126, 130, 132, 134, 139, 144, 150, 154

Bremer Landesmuseum für Kunst- und Kulturgeschichte (Focke-Museum): 35, 41, 42, 79, 86, 142

Alle Zeichnungen, soweit nicht anders benannt, vom Verfasser.